MARCO POLO

Bayerischer Wald

W0192608

Diesen Reiseführer schrieb Peter Seewald.
Aktualisiert wurde er von Christine Pierach,
die als freie Journalistin und Fotografin in
Passau arbeitet.

www.marcopolo.de

Infos zu den beliebtesten Reisezielen
im Internet, siehe auch Seite 98

MAIRS GEOGRAPHISCHER VERLAG

SYMBOLE

 MARCO POLO INSIDER-TIPPS:
Von unserer Autorin für Sie entdeckt

 MARCO POLO HIGHLIGHTS:
Alles, was Sie im Bayerischen Wald
kennen sollten

HIER HABEN SIE EINE SCHÖNE AUSSICHT

WO SIE JUNGE LEUTE TREFFEN

PREISKATEGORIEN

Hotels		**Restaurants**	
€€€	**über 60 Euro**	€€€	**über 20 Euro**
€€	**30–60 Euro**	€€	**15–20 Euro**
€	**unter 30 Euro**	€	**unter 15 Euro**

Die Preise gelten für eine
Person im Doppelzimmer
mit Frühstück.

Die Preise gelten für ein
Essen mit Hauptgericht,
Vorspeise und Dessert.

KARTEN

[104 A1] Seitenzahlen und Koordinaten
für den Reiseatlas Bayerischer Wald

[0] Objekte außerhalb des Kartenausschnitts

Karten zu Passau und Regensburg finden
Sie im hinteren Umschlag.

Zu Ihrer Orientierung sind auch die Orte mit
Koordinaten versehen, die nicht im Reiseatlas
eingetragen sind.

GUT ZU WISSEN

INHALT

Die wichtigsten
MARCO POLO Highlights

Sehenswürdigkeiten, Orte und Erlebnisse, die Sie nicht verpassen sollten

 Festwoche in Kötzting
Die Reiterprozession zu Pfingsten gewährt Einblick in tief verwurzelte Frömmigkeit und Traditionsbewusstsein (Seite 27)

 Handwerksmuseum und Stadtmuseum
Handwerk im Donauraum und Stadtgeschichte in zwei benachbarten Museen in Deggendorf (Seite 33)

 Klosterbibliothek
Die Deckenfresken der barocken Bibliothek in Metten sind so sehenswert wie die wertvollen Bücher (Seite 35)

 Sankt Emmeram
Schön und erhaben zeigen sich Schloss und Kirche in Regensburg (Seite 45)

 Pfahl
Das von Cham bis ins österreichische Mühlviertel reichende Quarzriff sehen Einheimische als Teufelsmauer an (Seite 50)

 Keltendorf Gabreta
Hier wird die Besiedlung der Region durch die Kelten ab etwa 1000 v. Chr. gezeigt (Seite 57)

 Mund & Art-Bühne
Volkstheater als Erlebnis für alle Sinne bietet die Bühne in Ringelai (Seite 57)

St. Stephan in Passau, Mutterkirche des Wiener Stephansdoms

Kötztinger Festwoche, Pfingstritt

Klosterbibliothek in Metten

 8 Dom St. Stephan
Das Langhaus des Passauer Doms gilt als größter barocker Kircheninnenraum nördlich der Alpen (Seite 60)

 9 Oberhausmuseum
Das Museum auf der Veste Oberhaus in Passau glänzt durch Ausstellungen über Handwerk, Handel und Kultur (Seite 61)

 10 Lusengipfel
Ein faszinierendes Schauspiel ist die Naturverjüngung nach Borkenkäferbefall und saurem Regen (Seite 72)

 11 Freilichtmuseum Finsterau
Hier spiegelt sich en detail das vormals karge (Über-)Leben im Bayerischen Wald wider (Seite 76)

 12 Hans-Eisenmann-Haus
Das Informationszentrum in Neuschönau erklärt multimedial und in Freigeländen Fakten und Philosophien im Nationalpark (Seite 76)

 13 Glasstraße
Die Welt der Glasherstellung auf 250 km entlang dieser Themenstraße ins Herz der Glasherstellung mit Manufakturen (Seite 83)

 14 Danubium
280 km Lebensraum Donaustrom beschreibt und zeigt das Danubium des einzigen Tiergartens Ostbayerns (Seite 93)

 15 Bergwerk mit Geo-Lehrpfad
Ausflüge unter die Erde in das einzige Grafitbergwerk Westeuropas (Seite 94)

 Die Highlights sind in der Karte auf dem hinteren Umschlag eingetragen

Entdecken Sie den Bayerischen Wald!

Wer sich im südöstlichsten Bayern einlässt auf Kultur, Land und Leute, dem zeigt eine wohltuende Urlaubsregion unerwartet viele Gesichter

Freilich sind sie hier zu finden, die unergründlich tiefen, stillen Wälder, die unberührten Schluchten und Bachläufe, die schlichten Sommerweiden, Schachten genannt, und die mystischen Hochmoore. Seit dem Fall des Eisernen Vorhangs steht das größte Waldgebiet Europas mit den Nationalparks Bayerischer Wald (242,5 km^2) und Šumava (690 km^2) Wanderern nahezu grenzenlos offen: Sie erwartet ein Netz aus Wanderwegen und Naturpfaden, 200 km allein auf deutschem Nationalparkgebiet.

An manchen Stellen tritt der Pfahl zu Tage, eine »Teufelsmauer« für die Hiesigen, am deutlichsten bei Viechtach und bei der Regener Burgruine Weißenstein. Das Quarzriff füllt eine 140 km lange und bis zu 300 m breite Erdspalte zwischen Thierlstein bei Cham und dem österreichischen Mühlviertel.

Wer mag, kann seine Ferien zwischen der Further Senke und dem Dreisessel mit dem Bezwingen der 200 Mio. Jahre alten Gipfel verbringen, deren höchster der Große Arber (1456 m) ist. Doch selbst Urlauber, die alle 132 Kuppen bestie-

Vorsorge für die kalte Jahreszeit

gen haben, die höher als 1000 m sind, sind noch lange keine Kenner des Bayerischen Waldes. Dazu braucht es außerdem Streifzüge durch die zahlreichen Kirchen, Kulturtempel und traditionsreichen Kunsthandwerksstätten – vom Bauernbrotbacken über Instrumentalbau bis zur Glasherstellung. Oben, im Nordwesten, und unten, im Südosten, setzen die 2000 Jahre alten Bischofsstädte Regensburg und Passau unübersehbare Pointen.

Vor Kopflastigkeit bewahren flächendeckende Wellness- und Sportangebote sowie stärkende Abstecher in das bodenständige Wirtshaus neben der Kirche, einen geselligen Biergarten oder ein exquisites Gourmetrestaurant.

17,5 Mio. Gäste jährlich, Tendenz steigend, können nicht irren –

Apfelblüte bei Wiesenfelden

Geschichtstabelle

Um 500 v. Chr. Einwanderung der Kelten, erste stadtähnliche Siedlungen Regensburg, Straubing, Passau

Um 15 n. Chr. Donau und Limes werden Nordgrenze des Imperium Romanum

4./5. Jh. Zerfall der Römerherrschaft, Christianisierung, erster Bischof in Passau. Bajuwaren besiedeln die Donauebene, Stammesherzogtum der Agilolfinger

8. Jh. Kolonisierung des Bayerischen Waldes durch Benediktinerklöster in Metten und Niederalteich

907–55 Ungarneinfälle, Schlacht auf dem Lechfeld

12.–14. Jh. Gründung von Märkten wie Cham, Kötzting, Grafenau; Salzhandel über den »Goldenen Steig«

17. Jh. Der Dreißigjährige Krieg verwüstet auch Niederbayern. 1683 sammelt Prinz Eugen ein Heer in Passau und schlägt die Türken, die bis nach Wien vorgedrungen sind

18. Jh. Spanischer, österreichischer, dann bayerischer Erbfolgekrieg. Ober- und niederbayerische Bauern verlieren den Aufstand gegen die Österreicher, das Innviertel wird österreichisch

1803 Säkularisation. Der bayerische Staat kassiert alle Klöster und das Hochstift Passau

1806 Bayern wird Königreich und kämpft neben Napoleon gegen Österreich. 1808 Aufhebung der Leibeigenschaft

1870/71 Deutsch-französischer Krieg, Bayern tritt dem Deutschen Reich bei

1918 Absetzung Ludwigs III., Ausrufung des republikanischen Freistaats Bayern

1939–45 Im Zweiten Weltkrieg werden auch Städte Niederbayerns umkämpft, der Bayerische Wald wird amerikanische Besatzungszone; großer Flüchtlingsstrom aus Böhmen

1978 Eröffnung der Uni Passau

1991 Nach Zerfall des kommunistischen Ostblocks Öffnung der Grenzen zur Tschechischen Republik

1997 Die 250 km lange »Glasstraße« wird eröffnet

2001 Der Nationalpark Bayerischer Wald erhält für weitere fünf Jahre das »Europäische Diplom« – nur zwei der 13 deutschen Nationalparks dürfen es führen

2004 Seit Mai gehört auch Tschechien zur EU

der Wald bzw. *Woid,* wie die Einheimischen, die *Waidler,* ihre Heimat nennen, ist das ganze Jahr über eine Reise wert.

Im Frühling liegt in den Hochlagen noch Schnee, wenn in den milden Tälern schon die Obstbäume blühen. Wer auch nur ein Mal nach einem Hitzegewitter von einer Anhöhe auf den von der satt orange scheinenden Abendsonne ausgeleuchteten Fleckerlteppich kraftstrotzender Wälder und frisch gewaschener Dörfer blickt, wird den Sommer im Bayerwald nie mehr vergessen. Der farbenprächtige, intensive Herbst kann noch viele milde Tage mit sich bringen. Man braucht sich nur zu gedulden, bis die schon recht morgenmuffelige Sonne den Dunst aus den Tälern und Donauniederungen weggefrühstückt hat. Im Winter ist Einmummeln angesagt, denn der »Böhmische«, ein eiskalter Ostwind, ist nicht zu unterschätzen. Jetzt glänzt die Region nicht nur ob der weißen Glitzerpracht ihrer tief verschneiten Wälder und Felder: Moderne Pisten- und Loipengebiete, in denen sich Ausrüstungsverleih von selbst versteht, ermöglichen Wintervergnügen satt. Dabei war, was die Feriengäste – deren Versorgung 25 000 Menschen Arbeit gibt – heute nur noch ahnen können, das Leben in diesem vorwiegend rauen, erst im Mittelalter durch Benediktiner zivilisierten und angelegentlich auch gleich missionierten Landstrich nie einfach. In der Mitte waren damals die Mönche aus Niederaltaich und Metten zuständig. Den Oberen Wald hatte das Regensburger Kloster Sankt Emmeram übernommen, den Unteren, den es bis zur Säkularisation 1803 fast 800 Jahre lang beherrschte, das Fürstbistum Passau. Die rebellischen Passauer

> **Der Woid ist das ganze Jahr über eine Reise wert**

Kräftige Farben unterstreichen die idyllische Lage dieses Orts am Fluss

selbst akzeptierten diese Regentschaft allerdings erst 1443 durch einen Schiedsspruch. (Trutz-)Burgen entlang des Mäanderflüsschens Ilz schützten die Grenzen des Hochstifts und zugleich die Handelswege. Diese und die »Goldenen Steige« nach Bergreichenstein, Winterberg und Prachatitz waren bis in die frühe Neuzeit die einzigen Zivilisationsspuren im Hinteren Wald. Auch die Wittelsbacher im 13. Jh. vermochten ihn nicht zu kolonialisieren. Etwa um diese Zeit ließen sich die ersten Glasmacher im Bayerwald nieder – hielt er doch Quarz und Holz für die Pottasche und Brennöfen im Überfluss bereit. Ein unterirdischer See bei Rabenstein erinnert an einen ihrer Quarzbrüche. Waren die Bäume um die kleinen Glashütten verbraucht, zogen die Produzenten weiter. Pferdefuhrwerke brachten die charakteristisch grünen Butzenscheiben und Trinkgefäße nach Passau, Wien, Warschau und bis an den Zarenhof von St. Petersburg. In das grenznahe Gebiet um den Dreisessel (1332 m) und den Haidel (1167 m) arbeiteten die Siedler sich erst Anfang des 19. Jhs. vor. Es liegt nur wenige Jahrzehnte zurück, dass die Bewohner von Leopoldsreut noch vor den strengen, schneereichen Wintern kapitulierten und ihre Höfe verließen. Heute dagegen ist der Graineter Kessel in der Haidelregion das Revier von Fernseh-Waidmann Martin Rombach mit seinem telegenen Forsthaus Falkenau. Das Umland von Breitenberg im Südosten davon heißt zwar die »Neue Welt«. Doch das liegt nicht etwa an seiner späten Besiedlung. Vielmehr war das Gebiet lange Zeit an die österreichische Herrschaft Rannariedl verpfändet und wurde erst spät wieder an das Abteiland zurückgegeben. Erste Siedler drangen auch dort bereits ab dem 13. Jh. vor.

Was die Waidler auf alle Fälle verdienen, ist Respekt. Denn sie und ihre Väter und Urväter haben die Region zu dem gemacht, was sie heute ist. Sie kultivierten die Ländereien durch (Brand-)Rodungen, erkennbar in Ortsnamen mit reut(h) – bei denen sich der Buchstabe h besonders im Bereich des früheren Hochstifts Passau nicht durchgesetzt hat –, -brünst, -mais, -schlag und -ried, die sie den Naturwidrigkeiten abgetrotzt hatten. Dieser Trotz, der auch Sturheit sein kann, ist ihnen geblieben, ebenso wie die katholische Frömmigkeit, die sich Gästen in Brauchtumsveranstaltungen offenbart, aber auch aus dem weit weniger prachtvollen Alltag der Waidler kaum wegzudenken ist. Die Säkularisation hat nämlich nicht wirklich stattgefunden im Bayerwald: Bereits 1830 hat das Kloster Metten den königlichen Segen zurückerhalten.

Typisch für die Menschen hier ist eine eher zupackende als beredte Art. Selbst die sprachlich nicht allzu exotischen Oberbayern sind zunächst Fremde, wie die Studenten an den Universitäten in Passau und Regensburg oder an den Fachhochschulen in Straubing und Deggendorf. Aber wen eine Waidlerfamilie einmal in ihr Herz geschlossen hat, der hat Freunde fürs Leben gefunden.

> **Was die Waidler auf alle Fälle verdienen, ist Respekt**

Turmuhr des Regensburger Rathauses, im Hintergrund der Dom

Auch die Gegenwart ist nicht nur heil und spannungsfrei. Da sind jeder Globalisierung zuwiderlaufend die heftigen Proteste der Bayern gegen den 100 km jenseits der Grenze gelegenen tschechischen Atommeiler Temelin. Und auch der malerische Bayerwald blieb vor Umweltproblemen nicht verschont – der Lusengipfel schockt mit einer durch Borkenkäfer und sauren Regen zerfressenen Baumskelettlandschaft. Obwohl die Naturverjüngung längst wieder eingesetzt hat, halten Nationalparkgegner bis heute 40 km^2 Hochlagenwald für an den Borkenkäfer verschwendet und wettern gegen den Leitsatz, Natur Natur sein zu lassen. Genau diese Einstellung sorgt auch im Tal für Zündstoff – wo es um den Donauausbau geht. Biotop oder Wasserautobahn sind hier die gegensätzlichen Positionen. Zwar

» *Sammeln Sie Ihre eigenen Eindrücke* «

hat der frühere Bundeswirtschaftsminister Günter Rexrodt dem Unteren Bayerischen Wald das Prädikat »Aufsteigerregion« verliehen, »in der gerade eine bemerkenswerte Dienstleistungsgesellschaft entsteht«. Doch läuft der Motor der mittelständisch geprägten Wirtschaft nach der Grenzöffnung noch immer unrund. Dafür haben die Landwirte sich nicht erst durch BSE und MKS auf Qualität und Direktvermarktung besonnen, nebenbei mit gar köstlichen Folgen auch für die Urlauber – wohl bekomms! Vergessen Sie am besten alles, was Sie von irgendwem über das ehemalige Armenhaus Bayerns und seine vermeintlichen Hinterwäldler gehört haben. Und sammeln Sie Ihre eigenen Eindrücke in unserer Provinz, die dieser Bezeichnung eine ganz neue und kostbare Bedeutung gibt.

Wissenswertes von Architektur bis Zeit

Ein kleines Brevier für die Besonderheiten des Bayerischen Waldes

Architektur

Im Bayerischen Wald schmiegen sich Dorfensemble, Bauernhöfe und Weiler meist in den Windschatten eines Hügels. Früher wurde mit naturbelassenem Holz gebaut – bewahrt in den Museumsdörfern Tittling, Finsterau und Massing. Heute finden sich allerorts neben funktionalen Gebäuden auch übertrieben auf rustikal getrimmte »Landhaus«-Fremdkörper. Viele Ortschaften glänzen nach öffentlich geförderten »Unser Dorf soll schöner werden«-Durchgängen. Im Donautal und in den Städten konzentrieren sich in aufwändig sanierten Altstadtkernen barocke Patrizierbauwerke – oft mit Blendgiebeln: Die Frontfassade wurde über das eigentliche Dach hinaus in die Höhe gezogen, um den Hausherrn reicher erscheinen zu lassen.

Dialekt

»Griaß-Eahna« hat nichts mit einer Ihnen unbekannten Erna zu tun. So begrüßt hier der Sprecher jeden, den er siezt. Der doppelvokalreiche Dialekt der zum Glück stets über-

Barocke Pracht mit Goldrand: Blick in die Klosterkirche von St. Emmeram in Regensburg

setzungswilligen · Einheimischen bleibt eine Wissenschaft für jeden *Zuag'roast'n* (Zugezogenen). Selbst nach Jahren gibt es, oft sogar landstrichspezifische, Vokabeln zu lernen wie *G'steckan* für Böschung, *Znief(e)* für Kümmerling, *zeil'n* für melken oder *an Erdei,* etwas von, und *sched,* bloß. *Sched-a-weng* heißt »bloß ein bisschen«. Die Feinheit liegt in den Endungen: Unterhalten ein Mann und eine Frau, also *zwoa,* sich über *zwo,* ist von zwei Frauen (jüngere sind *Mäscha*) die Rede. Geht es um *se zwe,* sind das zwei Burschen bzw. Männer *(Kund'n). Schiab's zuwe/zure* oder *danne* ist die Aufforderung, etwas an den Rand (weg) zu rücken. *Zuwa/zu(a)ra* und *danna* meint dagegen, es näher heranzuholen. Kleiner Test: Wo stehen Sie zum Sprecher, wenn er Sie auffordert: »Geh oba«? – richtig – Sie stehen oben, er sagt: »Komm runter« – zu ihm hin. »Geh obi/obe« bedeutet, dass er neben Ihnen steht und Sie wegschickt nach unten.

Euro(pa)

Das Schengener Abkommen und seit dem Fall des Eisernen Vorhangs offene Grenzen zu Tschechien, seit 2004 EU-Neuling, (wie schon lange zu Österreich) förderten Städte- und Vereinspartnerschaften gen Nordosten und grenzübergreifende Künstlersymposien. In besonders grenznahen Gebieten leben im Sinn des modernen Europagedankens quasi Mustereuropäer, weil sie der politischen Trennlinie zwischen ihrer Heimat und dem Ausland längst wenig praktische Bedeutung zumessen. Im Unteren Bayerischen Wald schienen viele auf die neue Währung Euro geradezu gewartet zu haben: Zwar konnte man immer beidseits der Grenze mit Mark und/oder Schillingen bezahlen. Aber seit 2001 fallen eben doch die 1:7-Umrechnerei und der Umtausch überhaupt weg.

Fauna

Der Wald galt immer als besonders wildartenreich, unter der Umweltverschmutzung indes litten die Tiere nicht weniger als der Mensch.

Ob sich unterm dichten Farn wohl Schwammerl finden lassen?

Etliche Arten sind ausgestorben oder zumindest dezimiert. In den dichten Wäldern sind Hirsch- und Rehwild, Wildschwein, Marder und Wiesel, Iltis, Dachs und Fuchs daheim, mit ihnen fast verschwundene Tiere wie Fischotter und Luchs – dank National- und Naturpark. Auch Wildschweine werden wieder gesichtet. Raubvögel wie Sperber, Habicht und Bussard finden noch Lebensraum. Verbreitete Fischarten sind Äsche, Forelle, Hecht und Schleie, in Ilz und Wolfsteiner Ohe gibt es den seltenen Huchen. Sogar Flusskrebs und Flussperlmuschel haben hier überlebt.

Flora

Im Urwald des Nationalparks dürfen neben Deutschlands üblichstem Baum, der Fichte, (Weiß-)Tanne, Föhre, (Rot-)Buche, Spitz- und Bergahorn, Ulme, (Sumpf-)Birke und Linde wachsen und vergehen. Das verrottende Holz nährt Algen und Flechten. In den Hochlagen um Arber, Rachel und Großen Falkenstein wachsen neben Heidel- und Preisel- auch arktische Beeren. Der Kleine Arbersee hat schwimmende Inseln und eine vielfältige Sumpfflora. Am Rand der Hochmoore wie dem Föhrauer Filz gibt es Binsen, Wollgras, Torfmoos und Sumpfbärlapp. »Gehen wir in die Schwammerl!« ist die Aufforderung zum Pilzesuchen. Und die findet man schon ab dem Spätsommer reichlich im Bayerischen Wald.

Kirchen und Klöster

Eine Besichtigung wert sind alle Relikte der Missionierung des Bayerwalds: Nahezu jedes Dorf hat ein hübsches Kirchlein. Regensburg, Gotteszell, Aldersbach und Metten geben Beispiele für die spätbarocke Kunst des Stuckateurs Egid Quirin Asam (1692–1750) und seines Bruders, des Freskanten Cosmas Damian Asam (1686–1739). Im Kloster Niederaltaich können Männer Besinnungsurlaub machen. Im Passauer Dom lohnt der Besuch eines Konzerts auf der weltgrößten Kirchenorgel. Hörenswert sind aber auch die Himmelstöne der Kirchturmglockenspiele, etwa in Cham, Kötzting und Haidmühle.

Kultur

Mancherorts sind es die Alten, die die Jungen gestreng dazu anhalten, das Andenken an Geschichte und Geschichten zu bewahren. Wer da nicht den Komparsen geben mag im örtlichen Historienspiel, wie das schon der Großvater und dessen Vater usw. taten, dem bleibt nur eines: auswandern. Inzwischen besinnen sich, vielleicht dank Jahrhundertwende, auch Jüngere wieder auf die Tradition und halten sie stolz hoch. Religiös geprägt sind die meisten, oft in ganz Altbayern verwurzelten Bräuche wie das Schwingen der ratternden, flachen Holzratschen am Karfreitag, wenn die Kirchenglocken schweigen. Ganz weltlich ist dagegen das Brautstehlen, bei dem Hochzeitsgäste die Braut in ein anderes Wirtshaus entführen und dort ordentlich weiterzechen, bis der Bräutigam sie auslöst. Die Dorfjugend trifft sich abends am Kriegerdenkmal oder bei dem Bankerl (Bänkchen), wo sich schon die Eltern und Großeltern näher kamen. Seit je gehen die Männer, fast alle sind Feuerwehrler – Pendant bei der Weiblichkeit war und ist der Katholische Frauenbund –, zu ihrem Stamm-

Tradition hat das Aufstellen des Maibaums, wie hier in Viechtach

tisch. Längst haben sich daran auch Frauen einen Platz erobert oder aber eigene Ratsch(=Plauder-)runden etabliert. Vielerorts haben sich Sing- und Volksmusikkreise gefunden, und es entstanden Theatergruppen, die jährlich einen Schwank einstudieren und wenige Male – meist im Pfarrsaal – aufführen.

Medien

Seit einigen Jahren gibt es beinahe flächendeckend regionale Fernseh- und Radiosender, die über das aktuelle Lokalgeschehen informieren. Doch für die meisten Hiesigen bleiben sie bestenfalls Ergänzung zur Heimatzeitung, in der meistens zuerst die Todesanzeigen aufgeschlagen werden. Im Wald behauptet die

»Passauer Neue Presse« mit ihren Regionalausgaben eine Monopolstellung. Erst bei Deggendorf beginnt das Verbreitungsgebiet des »Straubinger Tagblatts«. Im Raum Regensburg dominiert die »Mittelbayerische Zeitung«. Nicht nur die Gazetten sind längst im Internet zu finden: Nahezu jede Gemeinde ist mittlerweile online – in enorm unterschiedlicher Qualität. Das wiederum beschäftigt nun die Gerichte – mit dem Streiten um die Ortsdomains.

Proteste

Zur Wesensart der Einheimischen gehört eine Portion Bockigkeit, die sie im jahrhundertelangen Stemmen gegen Obrigkeiten, raue Witterungs- und karge Bodenverhältnisse entwickelt haben mögen. Denn wenn sie sich gegen etwas auflehnen, trotzen sie der Gegenseite meist schlagfertig ihren Willen ab. Aktuelles Beispiel: das unsichere tschechische Atomkraftwerk Temelin, gerade einmal 100 km von Passau entfernt – der Protest beschäftigte sogar die Regierungen in München und Berlin. Noch älter ist das Ringen für und wider Donauausbau und Begradigung des Flusses. Hier stellen sich Fischer und Naturschützer gegen die Rhein-Main-Donau-AG. Doch allein für das Raumordnungsverfahren werden laut Landesverkehrsministerium frühestens Anfang 2005 alle Unterlagen vorliegen.

Wehrhafte Schulterschlüsse erleben die Regierenden im Raum Passau etwa gegen die Verlagerung des aus allen Nähten platzenden Gefängnisses vom Zentrum in die Peripherie – und allerorts gegen

Heimatgeschichte(n)

Der Wald inspirierte Vordenker, Dichter und Memoirenschreiber

Gedanken über Naturschutz (!) und Liebe zur Heimat spiegeln die naturalistischen Romane und Erzählungen des Böhmerwäldlers Kar(e)l Klostermann (1848–1923) wider. Mit ihren Memoiren »Herbstmilch« wurde die im Rottal geborene Waldbäuerin Anna Wimschneider berühmt. Fernsehbulle Ottfried Fischer spießt als Kabarettist wie seine Passauer Kollegen Bruno Jonas, Rudolf Klaffenböck und Sigi Zimmerschied das Zeitgeschehen (teils auch in Buchform) auf – etwa im Sampler »Beunruhigung in der Provinz«. Der berühmteste Autor bleibt aber Adalbert Stifter (1805–68) mit seinem als Triologie geplanten Spätwerk »Witiko« (1865/67) und Erzählungen wie »Der Waldgänger« und »Der Hochwald«. Stifter schrieb »Witiko« auf dem Gut Rosenberg bei Lackenhäuser. Ludwig Rosenberger (geb. 1894), der Enkel von Stifters Gastgeber, hat seine Kindheit mit Texten und Zeichnungen als »Passauer Erinnerungen« festgehalten.

die Errichtung von Mobilfunk-
masten.

Totenbretter

Sie sind eine uralte Eigenart des
Bayerischen Waldes, Marterln ähn-
lich und doch anders. Totenbretter
standen unter einer Baumgruppe
in freier Landschaft, oft auch als
Spalier am Wegesrand oder an der
Wand eines Kirchleins. Auf diesen
Brettern lagen die Toten vor der
Bestattung zu Hause aufgebahrt.
Nach der Beerdigung wurden die
Bretter noch bemalt, mit Namen
und Sprüchen versehen und häufig
sogar mit einem kleinen Schutz-
dach ausgestattet. Nicht selten stellte man die Bretter am Lieblings-
platz des Verstorbenen auf, ihre
Inschriften zeugen gelegentlich von
unfreiwilliger Komik, ironischem
Witz oder von der derben Heiter-
keit der Überlebenden: »Sie starb,
als sie 15 Jahr und schon zu ge-
brauchen war«, heißt es auf einem
Brett, auf einem anderen liest man:
»Hier ruht die Barbara Gschwendt-
ner/ Sie wog mehr als zwei Zentner./ Gott geb' ihr in der Ewigkeit/
Nach ihrem Gewicht die Seligkeit«.

Wirtschaft

Angesichts der Globalisierung wirkt
sich die Nachbarschaft zum EU-
Mitglied Österreich und zum EU-
Neuling Tschechische Republik
immer stärker aus. Neben der Glasindustrie sind Tourismus und nicht
zuletzt der Nationalpark bedeutende Wirtschaftsfaktoren. Wer nicht
dort sein Auskommen hat, findet
als Pendler Arbeit bei BMW
(23 000 Beschäftigte in Dingolfing
und Landshut sowie 10 000 Ar-
beitsplätze bei Zulieferern, Zweig-
werk in Regensburg), in der Zahn-

*Totenbretter sind häufig
bemalt und mit Inschriften über
die Verstorbenen versehen*

radfabrik (4000 Beschäftigte in
Passau), bei Siemens (Regensburg),
auf den Donauwerften oder in einer
der Hoch- oder Fachhochschulen in
Passau, Deggendorf, Straubing,
Landshut und Regensburg.

Zeit

»Im Bayerischen Wald gehen die
Uhren anders« – diese Einsicht haben schon viele Urlauber mit nach
Hause gebracht. Hier liegt eben oft
in der Ruhe die Kraft. Aktionismus
ist dem Bayerwäldler wesensfremd.
Er hört zu, wägt ab und tut dann,
was er für nötig hält. Auf Hektik
und Ungeduld reagiert man hier
mit Widerwillen. Den werden allerdings im Fremdenverkehrsgewerbe
meist nur sensible Beobachter
bemerken. Tröstlich ist da ein wei-
terer Wesenszug: Nachtragend sind
sie nicht im Bayerischen Wald. Wobei Vergeben selten mit Vergessen
gleichzusetzen ist.

Von Knödeln und Brotsuppen

**Das Armeleuteessen von gestern
hat sich zur Spezialitätenküche gemausert –
und schmeckt heute nach Kraft und Gesundheit**

Die bayerische Küche war schon immer stark regional geprägt. An den Speisen, die auf den Tisch kamen, konnte man in früheren Zeiten ablesen, ob die Gegend wohlhabend war oder nicht. Im reichen Rottal zum Beispiel wurde überwiegend üppig gekocht, im Wald dagegen war die meiste Zeit des Jahres Schmalhans Küchenmeister.

Seit mittlerweile einigen Jahren erfährt die Region eine kulinarische Aufwertung: Bauern legen wieder Wert auf Qualitätsprodukte wie »Chamer Ochs« und Bio-Obst, viele Köche entdecken alte Rezepte neu, und immer mehr Wirte richten sich auf Feinschmecker ein.

Das Leibgericht der Einheimischen war und ist der Schweinsbraten mit Reiberknödl (Kartoffelklöße) und (Sauer-)Kraut. Lange Zeit galt dieses Essen als Fest- und Sonntagsmahl, konnten sich an Werktagen doch nur sehr wenige Bayerwaldler Fleisch leisten.

So hat sich die gesamte Esskultur aus der Armut entwickelt. Man

*Schönes Wetter lädt zur
mittäglichen Rast im Straßencafé
am Kohlenmarkt in Regensburg*

lebte von dem, was man selbst erwirtschaften konnte – mischte aus Getreide, Kartoffeln, Kraut, Obst, Eiern, Schmalz und Milchprodukten herzhafte und süße Speisen. Auch wenn der bayerische Fernsehstar Uschi Glas sagt, dass Brotsuppe das Einzige auf der Welt sei, das sie nie werde hinunterbringen können, hat sich dieses ehemals aus der Not geborene Armeleuteessen heute schon fast zu so etwas wie einer Delikatesse gemausert, ebenso wie die *Eingemachte* oder *Kalte Suppe,* für die saure und frische Milch zusammengeschüttet werden.

Die Waldbauern und Holzarbeiter mussten früher oft mehrere Tage lang von mitgeführten Vorräten leben. Daraus mögen sich dann die vielen *Pfandlgerichte* entwickelt haben, jedes ein schmackhaftes Sammelsurium auf der Basis von angebratenen Kartoffel- und/oder Knödelscheiben. Nach und nach bereicherten dann auch böhmische und österreichische Variationen den Speiseplan. Seither ist *Schmarrn* auch nicht mehr nur das bairische Pendant zur hochdeutschen Vokabel »Käse« (für Unsinn). Vielmehr sind heute gerade in Speisekarten

Bayerische Spezialitäten

Lassen Sie sich diese Köstlichkeiten gut schmecken!

Speisen

Bauernkrapfen (Aus'zog'ne) – Berliner ohne Füllung. Der Hefeteig wird auseinandergezogen und in Schmalz gebacken

Bergsteiger – keine Einladung zum Kannibalismus, sondern der aus den Alpen importierte Name für ein günstiges, reichhaltiges Tagesgericht in Wandergebieten

Brotzeit – eine Art Frühstück am Nachmittag. Im Passauer Raum setzt man sich dabei zum *Brodeln* (von Brot) zusammen

Erdäpfelkas – Mus aus Kartoffeln, Sauerrahm, Zwiebeln, Salz, Pfeffer: ein herzhafter Brotaufstrich

Gremelmaultaschen – Kartoffelteig wird zu großen Ravioli geformt und, gefüllt mit Schmalzgrieben, in Fett ausgebacken

G'röstl – Masse aus Kartoffeln oder Knödeln, mit Ei und/oder Fleisch und/oder Wurst in der Pfanne gebraten

G'selchtes – geräucherter Schweinebauch oder -rücken, in Lake mariniert

Hollerkiacherln – in Pfannkuchenteig getauchte Holunderblüten, die in Fett ausgebacken werden

Kletz'n – getrocknete Birnen; *Kletz'nbrot* besteht auch aus anderen Früchten

Knödel – Kartoffelklöße, als Beilage zu Fleisch oder, mit Obst gefüllt, als Süßspeise

Leberkas – enthält weder Leber noch Käse, sondern wird aus Fleischbrät geformt

Obatzda – besteht hauptsächlich aus Camembert mit Butter, Paprika und Zwiebeln

Presssack – Sülzwurst

Reiberdatschi (Dotschen) – Kartoffelpuffer; werden mit Kraut oder Apfelmus gegessen

Semmelknödel – Klöße aus Brötchen und Eiern

Surfleisch – gekochter Schweinebauch, in Lake mariniert

Getränke

Muich (Milli) – Milch

Neger – Weißbier mit Cola

Radler – Mix aus Zitronenlimonade und hellem Bier. Die Maß (bairisch *Mass*) enthält 1 Liter, der halbe Liter heißt *Hoibe*

Russ' (Russe) – Weißbier (Weizen) und Limonade

damit phantasievolle Süßspeisen oder Desserts gemeint. Darunter ist der *Kaiserschmarrn*, eine luftige Abart gerupfter Pfannkuchen, wohl die bekannteste und sehr österreichische Variante.

Die meisten Schmarrngerichte wurden auf den kleinen gusseisernen Öfen in Berg- und Jägerhütten erfunden. Doch längst haben kochkundige Hüttenwirte und Gourmetküchenchefs die schlichten Sattmacher von einst in ihr Repertoire aufgenommen und teilweise zu exquisiten Gaumenfreuden weiterentwickelt. Heute gehören zu einem Semmelschmarrn, mit dem früher alte Brötchen dank Milch, Butter, Eiern, Zucker und Zimt schmackhaft verwertet wurden, noch eine Vanilleschote, brauner Zucker und Rum. Statt simpler eingemachter Früchte dazu braucht es dann natürlich auch ein Kompott, das mit Biolimetten und Weißwein aufgekocht wurde.

Dieses Beispiel macht deutlich, dass die Gastgeber im Bayerischen Wald die Spezies der Genießer als Kunden entdeckt haben: Vielerorts, und immer häufiger, wird mit dem Dreiklang Galerie – Golf – Gourmet geworben. Nicht nur für die Meister der Haute Cuisine in den so angepriesenen Sterne-Restaurants, sondern auch für die Köche in den bodenständigen Gastwirtschaften und einfachen Schänken ist heute die vielseitige Zubereitung von Fleisch so alltäglich wie überall anders auch.

Regionaltypisch sind natürlich Wildgerichte und Biofleischzubereitungen; in der Gegend um Cham hat man sich auf zarte Ochsen, um Sankt Englmar herum auf Lamm, Kalb und Schaf spezialisiert. Obwohl die Stadt Regen im Juli das Pichelsteinerfest begeht, stammt dieser Eintopf auf der Grundlage von Kartoffeln, Gemüse und drei Sorten Fleisch ursprünglich aus Grattersdorf (11 km von Hengersberg an der A 3 entfernt). Erfunden hat die beliebig streckbare Speise im Jahr 1874 die Wirtin Auguste Winkler, als auf dem Büchelstein ein großes Essen auszurichten war. Angeblich soll der würzige Eintopf durch seinen Fan Otto von Bismarck als Pickelsteiner oder Pichelsteiner auch im »preußischen Ausland« bekannt geworden sein.

Deftige lokale Genüsse sind die Ergebnisse von Hausschlachtungen, wie zum Beispiel Kesselfleisch und Würste. Aber auch Fisch kommt auf den Tisch: Aus der verbreiteten Angelleidenschaft und dem Artenreichtum in Bächen und Flüssen hat sich die unverfälschende Zubereitung köstlicher fangfrischer Flossenträger entwickelt.

Und wie sieht es mit den Getränken aus? Was zu jeder Mahlzeit passt, ist, natürlich, ein Bier (wird in Bayern seit fast 1000 Jahren gebraut) aus einer der vielen regionalen Brauereien, in denen das Reinheitsgebot von 1516 wohl schon aus Selbstschutz vorm Zorn der Einheimischen beachtet wird.

Auch das Weinkeltern hat hier eine lange Tradition, obwohl das Klima nicht optimal ist. Die Römer hatten die ersten Reben an den Donauhängen gepflanzt. In Bach und Kruckenberg, etwa 20 km südöstlich von Regensburg, wird bis heute Wein angebaut. Das Ergebnis ist mit dem der Nachbarn in der Wachau zu vergleichen. Die rare Ausbeute wird ungern und deshalb teuer in Weinstuben verkauft.

Glaskelche und Lederhosen

Um Ursprüngliches zu entdecken, kann ein wenig Spürsinn hilfreich sein

Kunsthandwerk, Leder und Glas prägen im Bayerischen Wald die Märkte und Auslagen der Souvenirläden. Freilich können Sie hier wie überall auf der Welt Kitsch made in Hongkong erwerben. Echt sind dagegen die Handwebstoffe und Fleckerlteppiche (Flickenteppiche) aus dem Wegscheider Land. In der »Neuen Welt« wurde früher Flachsanbau betrieben, und in vielen Bauernhöfen standen Spinnrad und Webstuhl. Die alten Webstühle wurden in den letzten Jahren reaktiviert, und schon das Zuschauen bei der kunstvollen, umständlichen Arbeit ist ein Erlebnis. Aus Schönberg bei Grafenau kommen berühmte Lederhosen, kurze oder lange: preisgünstig, aber zum Teil in Portugal gefertigt, nicht nur aus Hirsch- und Rindsleder. Es gibt sie mit und ohne Stickerei, wobei die kurze Lederhose eigentlich eine oberbayerische Erfindung ist und von Traditionalisten in jüngster Zeit vehement bekämpft wird. Der Kauf ab Werk ist natürlich günstiger. Nicht nur in Bodenmais, Miltach, Leckern bei Kötzting, Lalling und Zwiesel haben sich Holzbildhaue-

Beliebte Souvenirs: bunt verzierte, mundgeblasene Schnupftabakgläser

reien und Töpfereien mit sehenswerten Ergebnissen etabliert. Erkundigen Sie sich gerade in kleineren Orten. Dort gibt es meist die günstigeren Angebote. Wachskunst kaufen kann man besonders in Habischried und Bodenmais. Das *Niederbayerische Wachskammerl* in Freyung bietet für wenig Geld auch Wachskurse für Erwachsene und Kinder an. Hier lernt man z. B. das Wachsgießen von Heiligenfiguren.

Empfehlenswerte Mitbringsel sind die Früchte des Waldes und die daraus gemischten Konfitüren mit Heidelbeeren oder Brombeeren, der wirklich echte Waldhonig, getrocknete Pilze und besonders die Preiselbeeren, die in den Höhenlagen der Wälder gefunden werden. Achtung: In den Kernzonen um Arber, Lusen und weitere Gipfel sowie in Naturschutzgebieten generell darf nicht gesammelt und gepflückt werden.

Was dem Seemann sein Pfriem, ist vielen Bayerwaldlern ihr Schnupftabak, der *Schmai* oder Schmalzler. Es gibt sogar Wettbewerbe, wer die größte Pris' in einem Zug einschnaufen kann. Die Sorten unterscheiden sich wie bei Zigarren nach Virginia oder Brasil. Zum unverwechselbaren Mitbringsel wird der Schnupftabak im handgemachten, verzierten Döschen oder Fläschchen.

Glas

Glas ist das typische Erzeugnis des Hinteren Waldes, die Tradition der alten »Waldhütten« reicht zurück bis ins Mittelalter. Man findet in den Glashüttengemeinden schöne Unikate. Es gibt mundgeblasene Gläser und Vasen, auf unterschiedliche Weise bunt verzierte Schnupftabakflaschen bis hin zu Rosenkränzen aus Glas. Die im Bayerischen Wald in etlichen Orten berühmte Hinterglasmalerei mit meist religiösen Motiven wurde früher häufig in Heimarbeit hergestellt. Heute widmen sich Glasmalstudios, in denen häufig auch Malkurse für Gäste angeboten werden (etwa in Freyung), dieser Arbeit. Wenn Sie sich für ein gläsernes Mitbringsel entscheiden, sollten Sie daheim die Übergabe mit Detailschilderungen von der Glasherstellung bereichern. In den Hütten gehören eindrucksvolle Führungen durch die Produktion zum Geschäft. Ein Markenzeichen für Glas aus dem Bayerischen Wald ist das Werk von Erwin Eisch in Frauenau, bekannt für Handwerkskunst in seiner ursprünglichen Form. Eisch-Gläser sind Stück für Stück mundgeblasen und zeichnen sich durch ihre poetische Formgebung aus. *Valentin Eisch, Führungen Mo–Do 9–11.30 und 13–14.45, Fr/Sa 9–11.45 Uhr, Werksverkauf Mo–Fr 9–18, Sa 9–16, Mai –Okt. auch So 10–16 Uhr, www.eisch.de.* Vorteilhaft ist der Werkseinkauf in den Manufakturen der Glashüttenorte. Das Angebot reicht vom edlen Bleikristall bis zum einfachen Gebrauchsglas.

Wochenmärkte und Holzmärkte

Die Märkte, und speziell die Bauernmärkte, die nun wieder vermehrt stattfinden (meistens freitags), bieten gute, interessante und schöne Erzeugnisse des Bayerischen Waldes. Hier kann man sich mit Lebensmitteln versorgen oder auch dekorative Holzartikel wie Körbe und mit Blumen und ornamentalen Mustern reich verzierte Löffel erwerben. Viele der Angebote aus der Landwirtschaft, ob Eier, Kräuter, Fleisch, Geflügel oder Obst und Gemüse, waren schon immer »Bio«, nur kannte man dieses Qualitätszeichen früher noch nicht. Das »echte niederbayerische Bauerngeräucherte« ist allerdings schon lange ein Markenartikel und bis in die Landeshauptstadt München gefragt. Generell haben die Fleisch- und Wurstwaren aus der Gegend, die prallen Knacker, die Sülzen, der Presssack und die langen Hartwürste einen guten Ruf. Die Rinder, vereinzelt auch Schafe, finden auf den Weiden eben optimale Bedingungen vor.

Ess- und Trinkbares

Immer mehr Bauern verkaufen ihre Produkte wieder direkt ab Hof, ob Brot oder Eier, Honig oder das traditionelle Bauerngeräucherte (besser als in der Metzgerei). Andere haben sich zu biologischen Erzeugerverbänden zusammengeschlossen. Eine neu-alte kulinarische Spezialität ist »Chamer Ochs« (zartes Fleisch, ohne Hilfsmittel gemästet) oder das »Chamland Beef« (wildartiges, junges Fleisch von Weidetieren). Die »Hundinger Goldbergbauern« im Lallinger Winkel verkaufen Äpfel aus Streuobstwiesen – garantiert ohne Kunstdünger.

Die MARCO POLO Bitte

Marco Polo war der erste Weltreisende. Er reiste in friedlicher Absicht, verband Ost und West. Er wollte die Welt entdecken, fremde Kulturen kennen lernen, nicht zerstören. Könnte er heute für uns Reisende nicht Vorbild sein? Aufgeschlossen und friedlich sollte unsere Haltung auf Reisen sein. Dazu gehören auch Respekt vor Mensch und Tier und die Bewahrung der Umwelt.

WWF

Eine Besonderheit unter den Bränden ist der Bärwurz, ein mindestens 40-prozentiger, klarer Schnaps, der nur hier im *Woid* aus den Wurzeln der Bärwurzpflanze *(ligusticum mutellia* und/oder *meum athamanticum)* gebrannt wird. Bei vielen Einheimischen hat er einen Platz in der Hausapotheke – als Notfalldigestif.

Es gibt etliche Bärwurzereien mit Probiermöglichkeit, zum Beispiel in Bodenmais, Zwiesel und Hauzenberg. Die älteste Bärwurzdestille der Welt steht in Deggendorf/Mietraching, dem »Tor zum Bayerischen Wald«. Metzgermeister Christian Rott *(Tel. 08593/ 91 22 02)* bietet in Untergriesbach und Hauzenberg »Kisterl« mit regionalen Bio-Spezialitäten und Obstbränden an.

Süße Andenken

In Sachen Haltbarkeit können süße Mitbringsel nicht mit Glas und Holz konkurrieren. Trotzdem gibt es ebenbürtige regionale Köstlichkeiten wie Früchtebrot und nach Uromas Rezepten gebackene Leckerl (Plätzchen) im Winter sowie ganzjährig feine Konditoreispezialitäten. Falls Sie die Heimreise nach Passau führt, finden Sie im *Café Simon (Rindermarkt 10 und Donau-* *Passage beim Bahnhof)* zum Aufessen fast zu schöne Schokoladekreationen wie »Goldhauben« nach dem traditionellen Trachtenkopfschmuck der Passauerinnen, zarte »Scharfrichter«-Pralinen mit dem Logo der eher herben Kabarettbühne und mehr. Bewährter Exportschlager ist auch der sensationelle Nusszopf vom *Café Greindl (Wittgasse 8 und Theresienstraße 8).*

Trachtenmoden

Trachten und Lederbekleidung, Tücher und Tischdecken werden original im Bayerischen Wald gefertigt. Schöne Einkaufsmöglichkeiten gibt es auch in Lam und Cham (Charivari). Gut und auch für »Preißn« tragbar: Bundhosen aus Hirschleder.

Trödel und Antiquitäten

Originale Bauernmöbel und Gegenstände sakraler Kunst sind immer noch zu finden. Seit die Öffnung der Grenze zur Tschechischen Republik günstigen Handel (und Schmuggel) zulässt, sind die Geschäfte im Grenzgebiet wieder besser bestückt. Eine teure Rarität: Příbramer Madonnen. Die oft kindsgroßen Holzfiguren waren früher ein Mitbringsel aus der Wallfahrt ins böhmische Příbram.

Feste, Events und mehr

Im Bayerischen Wald werden Brauchtum und Kultur ganzjährig gel(i)ebt

Religion und Tradition, Lebensfreude, Sport und Kulturevents von Jazz-, Rock- und Klassikopenairs über Dorffeste und Theater –

Feuerwerk über der Walhalla

ab Ostern quellen die Kalenderblätter über.

Offizielle Feiertage

Neben den bundesweiten gelten einige katholische Feste als gesetzliche Feiertage: **1. Januar** *(Neujahr)*; **6. Januar** *(Dreikönig)*; **Karfreitag**; **Ostermontag**; **Himmelfahrt**; **Pfingstmontag**; **Fronleichnam**;

15. August *(Mariä Himmelfahrt)*; **3. Oktober** *(Tag der Deutschen Einheit)*; **1. November** *(Allerheiligen)*; **25./26. Dezember** *(Weihnachten)*

Feste und lokale Veranstaltungen

Januar

Neujahrsanblasen (Geyersberg bei Freyung; Passau) und – anschließend (Grafenau), Konzerte, Bälle; Haidel/Dreisessel: *Hundeschlittenrennen*

Februar/März

Faschings-, also *Karnevalsumzüge (Gaudiwürmer)* und *-feste*. Sehenswert ist die *Frauenauer Raunacht* (Faschingssamstag). Am Aschermittwoch geht es verbal zur Sache bei den politischen Mega-Stammtischen der CSU in Passau (wo auch ödp und Graue Panther Sälchen füllen) und den Kontrahenten von der SPD in Vilshofen. Die Fastenzeit reichern Starkbierfeste an.

März/April

Frühlingsfeste (Kirmes) in Passau und Straubing. An Ostern in Regen und Furth im Wald *Pferdeprozessionen*

Mai/Juni

In der Nacht zum 1. Mai versuchen die Burschen, den *Maibaum* im Nachbarort zu stehlen. Die geschmückte Holzstange muss mit Bier und Brotzeit ausgelöst werden, bevor sie mit viel Tamtam auf dem Dorfplatz von der männlichen Bevölkerung aufgestellt wird.
An Pfingsten wallfahren seit über 500 Jahren die Holzkirchner (nahe Ortenburg) mit einer 13 m langen »Kerze« (einer mit Wachs umwickelten Fichte) auf den Bogenberg.
In Hauzenberg steigt das *Passauer Pfingst-Openair* (Rock, Weltmusik). Pfingstmontag eröffnen über 1000 Berittene eine ★ *Festwoche in Kötzting* und erfüllen das Gelöbnis eines Pfarrers von 1412. In Sankt Englmar suchen die historisch verkleideten Bewohner im Wald ihren Ortspatron aus Holz.
Beginn der internationalen Kulturfestspiele *Europäische Wochen* (Karten vorbestellen!) in Passau (seit 1952);
Rinchnacher *St.-Gunther-Fest* (Reichsgraf, der zum Einsiedlermönch wurde)

Juli

Regensburger *Altstadtfest;* Waldkirchner *Marktrichtertage* (seit 1285 Marktrecht). In Regen (seit 1874) *Pichelsteinerfest* (Wasserspiele, Gondeln) für ein Eintopfgericht, das aber wohl in Büchelstein bei Lalling kreiert wurde

August

In Straubing *Gäuboden(volks)fest;* *Agnes-Bernauer-Festspiele* (alle vier Jahre, nächstes: 2007);
Further Drachenstich (ältestes Volksschauspiel Deutschlands über die Hussitenkriege);
In Waldmünchen nächtliches *Historienspiel* mit Pandurenoberst Trenck (1742);
Arberkirchweih (Bergmesse, Gipfelfest) am Sonntag vor oder nach dem 24. August (St. Bartholomäus)

September bis November

Echte Volksmusik statt volkstümlicher Musik beim Wettbewerb *Zwieseler Fink;*
Um Zwiesel, besonders Rinchnach, *Wolfauslassen* (früher liefen Männer, mit Kuhglocken behängt, umher, um Raubtiere vom Hof fernzuhalten)

Dezember

Christkindlmärkte. Die wilden Gesellen in den *Raunächten* zwischen dem 21. Dezember und dem Dreikönigstag sind bis heute polternd unterwegs.

Further Drachenstich

Zwischen Regensburg und Lam

Von der Kornkammer Bayerns in die hohen Wälder des Naturparks

Vom Donautal bei Regensburg bis in die verwinkelten Bergtäler bei Lam zieht sich eine abwechslungsreiche Landschaft. Der Naturpark Oberer Bayerischer Wald ist im wahrsten Sinn eine zurückgebliebene Gegend: einmal schon durch die Lage an der tschechischen Grenze, dem ehemaligen Eisernen Vorhang. Zum anderen ist es ein sehr dünn besiedeltes Gebiet, und über lange Jahre hinweg fehlte es an moderner Infrastruktur. Dem Reiz des Landes tat dies keinen Abbruch, ganz im Gegenteil.

Müßiggang in der Sonne

Der Regen ist das Verbindende der Region. Der mit Windungen gemächlich verlaufende Fluss zeigt stimmungsvolle Bilder; in seinem Tal reihen sich Burgen, Klöster und Mühlen. Im gesamten oberen Teil des Bayerischen Waldes gibt es eine unglaubliche Zahl an Klöstern, Kirchen und Burgen mit sehenswerter Ausstattung. Auch die prächtigsten Brauchtumsfeste und Freilichtspiele finden hier statt. Am Beginn der Reise steht ein Geschenk: Regens-

In Schönbuchen bei Kötzting steht dieses Kirchlein

burg, Stadt aus altem Stein, einer der schönsten und historisch interessantesten Orte in Deutschland. Die viertgrößte Stadt Bayerns zeigt geballt europäische Kultur und Geschichte aus 2000 Jahren. Die reiche Gäubodenstadt Straubing verwaltet in der Donauebene die Kornkammer Bayerns. Sie ist die typischste aller Niederbayernstädte, hier schlägt, befand der Historiker Karl Bosl, das altbayerische Herz am reinsten.

Wer schnell ins Urlaubsgebiet und an seinen Zielort im Bayerischen Wald kommen will, nimmt die Straße über Roding. Reisende mit etwas mehr Zeit besuchen von Regensburg aus über Donaustauf die Walhalla, reisen weiter über

Viele Regionen des Bayerischen Waldes sind für Wintersportler attraktiv

Wörth und Falkenstein in das Land um Cham. Zwischen Furth und Lam entdecken Sie eine Welt voller saftiger Täler mit Wiesen und Äckern. Durch die vielen Bergrücken wirkt die Gegend arg »verwinkelt«. Das berühmteste Stück davon ist der Lamer Winkel, eine sanfte, liebliche Senke. Sie wird von Osser, Arber, Kaitersberg und Hohem Bogen begrenzt und wird natürlich auch im Winter auf Grund der schönen Pisten und Loipen gern besucht. Die Berge hier sind älter als die Alpen. Eine traumhaft blaue Farbstimmung, das ist das typische Merkmal ihrer Kulisse.

Die Region unterteilt sich in ein Waldgebiet entlang der Grenze und ein zur Donau auslaufendes Hügelgebiet mit anschließender Ebene, dem Gäuboden. Der Hauptwasserlauf des Gebiets, der Regen, zieht sich als schmales Wildwasser 180 km durch weite Täler, dann wieder durch enge Schluchten und über Geröllhalden. Er ist nicht eingezäunt, nicht begradigt, nicht in ein künstliches Bett gelegt: das selten gewordene Bild eines natürlich strömenden Flusses.

Dass der Vorwald altbayerisches Land ist, sieht man schon an dem ausgeprägten Brauchtum, das hier gepflegt wird. Berühmt ist die Gelöbniswallfahrt von Bogen am Pfingstsonntag mit einer 13 m langen »Kerze«. Aus Bogen stammt auch das weiß-blaue bayerische Rautenwappen, ursprünglich Kennzeichen des hier herrschenden Grafengeschlechts. Die Landschaft mit ihren leichten Schwingungen von Hügeln und Talgründen ist reich an frommen Stätten. Es waren vornehmlich Klöster wie Windberg, Metten und Niederaltaich, die den Wald urbar machten. »Trotz riesiger Felder und Maschinen«, schrieb die Dichterin Sarah Kirsch über den Reiz des dünn besiedelten Vorwaldes, »liegen die Dörfer schläfrig in Buchsbaumgärten; die Katzen trifft selten ein Steinwurf ...«

BODENMAIS

[107 E5] Die Ortschaft (3600 Ew.) am Südwesthang des Arbermassivs ist heute der meistbesuchte Kurort des Bayerischen Waldes. Dies mag in der rings von Hochwäldern umschlossenen, reizvollen Lage begründet sein, sicher aber auch in der mittlerweile ausgereiften Infrastruktur der Gemeinde. In ihrem Angebot hat sie eine Vielzahl guter Hotels und Pensionen, Golfplätze, Tanzlokale, eine Schönheitsfarm und sogar die Verleihung einer Bodenmaiser Wandernadel. Im 12. Jh. gegründet, erhielt Bodenmais mit seinem Erzbergwerk am Silberberg 1522 die Rechte einer »vollkommen gefreiten Bergstatt«. Rund 500 Jahre lang wurde hier Metall abgebaut. Die Bergarbeiterzeit ist vorüber, die bedeutenden Glashersteller sind geblieben. Galerien und Holzbildhauer sind hinzugekommen. Mit der traumhaften Winterlandschaft am Großen Arber vor der Haustür ist Bodenmais auch für Wintersportler attraktiv.

SEHENSWERTES

Waldglashütte Joska
Der Betrieb wirbt damit, Bayerns größte Bleikristall- und Kronleuchterverkaufsausstellung zu zeigen. Die Besucher der Hütte erhalten einen Einblick in die Handwerkskunst der Glasbläser und Graveure. Ungewöhnliches ist im Raritätenmuseum mit 2000 Ausstellungsstücken, vom Bierkrug bis zur Wanduhr, zu bestaunen. *Am Moosbach 1, Mo–Fr 9.15–17, Sa bis 14 Uhr*

MUSEUM

Gläserne Destille
Erlebnis und Genuss verspricht das Schnapsmuseum im 6 km entfernten Böbrach. *Mo–Fr 10–17, Sa 10 bis 13, Mai–Okt. auch So 13–16 Uhr, www.penninger.de*

MARCO POLO Highlights »Oberer Bayerischer Wald«

★ **Steinerne Brücke**
Regensburgs Architekturwunder aus dem Mittelalter (Seite 45)

★ **Sankt Emmeram**
Schön und erhaben: Schloss und Kirche in Regensburg (Seite 45)

★ **Straubing**
Brennpunkt Niederbayerns mit dem reinsten bayerischen Herzschlag (Seite 48)

★ **Handwerksmuseum und Stadtmuseum**
Zwei Höhepunkte in Deggendorfs Kulturviertel (Seite 33)

★ **Pfahl**
Die geologische Rarität lockte einst die Glasmacher in den Wald (Seite 50)

★ **Klosterbibliothek**
Barocke Pracht in Metten (Seite 35)

Bauers Kutscherhütte

Drei großzügige Ferienwohnungen zu günstigen Preisen bei Familie Bauer, außerdem eine urige Gaststätte mit Hausschlachtung. Streichelzoo, Kutsch- und Schlittenfahrten. *Jahnstraße 9, Tel. 09924/ 10 83, Fax 90 20 99, €€*

Feriengut Böhmhof

◀▶ Hotel mit guter Aussicht, ruhig am Waldrand. Mit Hallenbad, Sauna und Freibad; im Winter verläuft die Loipe direkt vorm Haus. *35 Zi., Böhmhof 1, Tel. 09924/943 00, Fax 94 30 13, www.feriengut-boehmhof.de, €€*

Hofbräuhaus

Wie in München gibt es auch in Bodenmais ein Hofbräuhaus (der Name leitet sich aber her von Hof-Bräuhaus, weil es früher dem König von Bayern gehörte): Das Hotelrestaurant mit traditionellem Ambiente liegt zentral in der Ortsmitte, es verfügt neben Freibad, Hallenbad und Sauna auch über eine eigene Massagepraxis. *130 Zi., Tel. 09924/77 70, www.hotel-hofbraeuhaus.de, €€*

Mooshof

Solide Küche wird im Hotelrestaurant geboten. (Hotel *70 Zi., €€*). *Mooshof 7, Tel. 09924/77 50, Fax 72 38, www.Hotel-mooshof.de, €*

Riederin

Komfortables Hotel & Ressort am Ortsrand mit Erlebnisbad und exklusivem Wellnessgarten mit Wellnessbar, 6-Loch-Golfplatz am Haus und edler Speisekarte; für gehobene Ansprüche. Lohnend: saisonale Pauschalangebote. *60 Zi., Riederin 1, Tel. 09924/77 60, Fax 73 37, www.Riederin.de, €€€*

Kur- und Verkehrsamt, Bahnhofstraße 56, Tel. 09924/77 81 35, Fax 77 81 50, www.bodenmais.de

Drachselsried [107 D–E5]

Fast 100 Jahre lang war der im wunderschönen Zellertal liegende Ort im Besitz des Adelsgeschlechts der Poschinger, die sich hier ein barockes Schloss hinstellen ließen. Heute gehört Drachselsried eher den vielen Wanderern, die auf dem Bergrücken zwischen Kaitersberg und Arber die Gipfel stürmen und unterwegs Totenbretter und stattliche Bergbauernhöfe bestaunen.

Naturschutzgebiet Riesloch [107 E5]

Der Wanderweg zum Arber führt durch die wildromantische Rieslochschlucht mit 200 m herabstürzenden Wasserfällen mitten im Hochwald, keine 2 km von Bodenmais entfernt.

DEGGENDORF

[110–111 C–D3] Die Wittelsbacherstadt (32 000 Ew.) hat sich heute nicht nur zu einem »Tor zum Bayerwald und zum Osten« an Donau und Autobahnkreuz A 3/92 entwickelt, sondern legt als Kreisstadt die Geschäftigkeit einer Ämter-, Einkaufs-, Hafen- und Fachhochschulstadt an den Tag.

SEHENSWERTES

Altstadt

Die bayerischen Herzöge bauten auf der ehemaligen Keltensiedlung Mitte des 13. Jhs. eine architektonisch ausgetüftelte Stadt. Von den mittelalterlichen Bauten sieht man am heutigen Marktplatz mit schönen Brunnen einen typisch niederbayerischen *Stadtturm* aus dem 15. Jh. und das frei stehende *Rathaus* (1535); Der Barockkirchturm der Grabkirche *Peter und Paul* gilt als einer der schönsten Bayerns.

MUSEEN

Handwerksmuseum und Stadtmuseum

★ Beide liegen im aufwändig sanierten Kulturviertel. Das *Handwerksmuseum (Maria-Ward-Platz 1)* zeigt mit Themenschwerpunkten die Entwicklung des Handwerks, das *Stadtmuseum (Östlicher Stadtgraben 28)* setzt sich mit der eigenen Geschichte und z. B. mit der »Deggendorfer Gnad« auseinander, einem sehr blutig-dunklen Flecken aus der Vergangenheit, bei dem es um die Ermordung von Juden wegen eines angeblichen Hostienfrevels geht. *Beide Museen Di–So 10–16, Do bis 18 Uhr; man muss nur einmal Eintritt zahlen.*

ESSEN & TRINKEN

Goldener Engel

Bodenständig-frische Küche gegenüber dem Alten Rathaus, wo sich das pendelnde Bürovolk mittags verabredet. *Oberer Stadtplatz, Tel. 0991/47 67, €€*

Inside Tipp

Grauer Hase

Anspruchs- und stilvoller Gourmettempel mit vor allem mediterranen Köstlichkeiten. *Untere Vorstadt, Tel. 0991/37 12 70, www.grauerhase.de, €€€*

Blick auf Stadtplatz und Kirche von Deggendorf

DEGGENDORF

NH Parkhotel
Das gehobene und moderne Haus mit Whirlpool etc. liegt etwas ab vom Zentrum, aber verkehrsgünstig und gleich neben der Stadthalle. *125 Zi., Tel. 0991/344 60, www. nh-hotels.com, €€–€€€*

AM ABEND

Im Kulturviertel liegt der *Kapuzinerstadel,* ein kulturelles Veranstaltungszentrum der Stadt. *Maria-Ward-Platz 10, Tel. 0991/40 83*

AUSKUNFT

Verkehrsamt, Oberer Stadtplatz, Tel. 0991/296 01 69, www.deg gendorf.de

ZIELE IN DER UMGEBUNG

Bogen [110 A2]
Die Grafen von Bogen residierten (bis 1242) fein auf dem Berg; ihr weiß-blaues Rautenzeichen wurde durch Heirat und Erbschaft Besitz der Wittelsbacher und damit später bayerisches Landeswappen. Vom schönen Stadtplatz führt ein stimmungsvoller Kreuzweg auf den *Bogenberg* (120 m über der Donau) mit ausgedehnten Wallanlagen. Die *Wallfahrtskirche* (älteste Wallfahrtskirche Bayerns) ist seit 500 Jahren am Pfingstsonntag Ziel einer Prozession mit einer 13 m hohen »Kerze«. Auf dem Bogenberg liegt eine Gaststätte mit ◀▶ Terrasse. *27 km von Deggendorf*

Insider Tipp **Datting** [111 E3]
In der kleinen Ortschaft oberhalb von Lalling stehen einige der am besten erhaltenen Waldlerhäuser des Waldes, das ganze lebendige Dorf steht unter Denkmalschutz. *17 km von Deggendorf*

Flintsbach [111 E3] **Insider Tipp**
Das *Ziegel- und Kalkmuseum* gilt als in Deutschland einzigartiges Technikmuseum mit Erlebnisprogramm. Es zeigt auf 400 m² die jahrtausendealte Geschichte der Ziegel- und Kalkherstellung in einem Freigelände mit historischen Denkmälern. Außerdem gibt es Sonderausstellungen und Aktionswochenenden (Ziegel gestalten, mauern, dachdecken). Im Mittelpunkt steht ein Brennofen von 1883, der noch bis 1968 in Betrieb war. *April–Okt. Mi und Sa 13–17, So und feiertags 10–17 Uhr oder nach Anmeldung bei der Gemeinde Winzer, Tel. 08545/910 41, www.marktwinzer. de. 26 km von Deggendorf*

Lallinger Winkel [111 E3]
Nicht nur die klimatischen Verhältnisse begünstigen die Gegend um Lalling, die von Bergen umschlossen ist und sich zur Donauebene hin öffnet. Die Lallinger Schneeglöckchenwiese mit Zigtausenden von Blüten ist eine botanische Besonderheit, die Obstbaumblüte im Mai mit Kirsch- und Pfirsichblüten beeindruckend. Hier im Naturpark ist die *Region Sonnenwald* besonders gastfreundlich *(www.regi on-sonnenwald.de),* einer der rührigsten Gastgeber ist der Wirt vom *Gasthof zum Sonnenwald* in Schöfweg, *Tel. 09908/275, €€.* Der 1016 m hohe ◀▶ *Brotjacklriegel* ist Fernseh- und Aussichtsturm, im Sommer auch bewirtschaftet. In Kerschbaum bei *Grattersdorf* wird mit dem *Büchelsteinerfest* alljähr-

lich an die Erfindung des Pichelsteiner (Büchelsteiner) Eintopfs erinnert. *Etwa 25 km von Deggendorf*

Metten [110 C3]

Aus der fruchtbaren Donauebene winken die Zwiebeltürme des Benediktinerklosters schon von weitem. Es ist eines der ältesten in Bayern, gegründet um 770. Von dem stolzen Rodungskloster aus wurde ein großer Teil des Bayerischen Waldes erschlossen. Karl der Große verlieh der Abtei Königsschutz und Immunität, noch heute wird hier feierlich seines Todestags gedacht. Die Mönche und ihre Baumeister schufen einen prunkvollen barocken Kirchenbau (das Altarblatt stammt von Cosmas Damian Asam, die Stuckplastik von F. J. Holzinger) und vor allem die hochbarocke und weltberühmte ★ *Klosterbibliothek* von 1720, die allein schon den Be

Die Klosterbibliothek in Metten

such lohnt. Stukkateur war F. J. Holzinger. Die Themen der Bücherschränke sind figürlich dargestellt, die Gewölbe werden von Herkulesgestalten getragen. Ein weiteres Rokokokleinod ist der *Festsaal* des Klosters von 1734. *Führungen durch einen Mönch, meist um 10 und 15 Uhr. 5 km von Deggendorf*

Niederalteich [111 D4]

Die beiden Türme des Klosters sind von weitem sichtbar. Als Kenner geben Sie sich im Ort Niederalteich, wenn Sie wissen, dass alles, was mit den Mönchen zusammenhängt, mit »ai« geschrieben wird. Die Niederlassung der Benediktiner ist wie Metten ein bayerisches Urkloster, gegründet 731 vom Agilolfingerherzog Odilo II. Die Güter des Rodungsklosters reichten seinerzeit bis in die österreichische Wachau. Von den ersten Kirchenbauten ist nichts mehr vorhanden, die mächtige Anlage aus dem 18. Jh. zeigt sich als barockes Gesamtkunstwerk. Besonderheiten: ==Messen nach byzantinischem Ritus,== eine historische *Inside Tipp* Klosterschänke und ==Kloster auf Zeit== *Inside Tipp* für Männer, die beim ersten Mal für zwei Wochen in Klausur vom hektischen 21. Jh. gehen. Wer die Erfahrung vertiefen mag, kann die »Woche der Wiederkehrer« nutzen. *Info beim Ökumenischen Institut der Abtei, Tel. 09901/20 80, oeku men.institut-niederaltaich@t-on line.de. 10 km von Deggendorf*

Schloss Egg [110 C3]

Ein Schloss im mittelalterlichen Stil, einsam im Wald gelegen (komfortables *Schlosshotel, 12 Zi., Tel. 09905/289, Fax 82 62, €€*). Eine typisch bayerische Burganlage – 2003 Filmkulisse für »Bibi Blocks

Einige der am traditionellen Kötztinger Pfingstritt Beteiligten

berg« – mit Graben, Zugbrücke, Torturm, Kapelle und Wirtshaus. Hier finden auch Kunstausstellungen statt *(Besichtigung von April bis Oktober). 8 km von Deggendorf*

Ulrichsberg [110 C3]

⚜️ Der Ulrichsberg hoch über der Stadt lockt mit einer Wallfahrtskirche, einem Wirtshaus und, wie der Hausberg mit Golfplatz und Skigebieten, die ⚜️ *Rusel,* mit gutem Ausblick.

KÖTZTING

[106 B–C4] Eng stehen die alten Häuser der historischen Altstadt, schmale Gassen laufen um das Schloss herum. Die Kirchenburg hat eine Wehranlage mit einem äußeren und einem inneren Befestigungsring. Das Schloss war einst Stammsitz der Chostinger, der Dienstmannen der Markgrafen von Cham, ab 1361 dann Amtsgebäude; heute dient es als Pfarrhof. Die

Stadtpfarrkirche *Mariä Himmelfahrt* zeigt einen schönen Rokoko-Hochaltar. Der 85 000 m² große *Kurpark Auwiesen* kombiniert Erholung und Freizeitspaß. An der romantischen Uferpromenade am Weißen Regen *(mit Wasserwanderlehrpfad)* dreht sich ein altes *Wasserrad (tgl. 11.15 bis 11.30 Uhr).* Berühmt ist der Luftkurort (7500 Ew.) für den *Kötztinger Pfingstritt,* eine aufwändige Männerwallfahrt, zu der jährlich am Pfingstmontag rund 1000 Reiter aufgeboten werden. Der Umzug mit anschließender »Pfingsthochzeit« ist seit 1412 nachweisbar. Ein Festspiel auf einer Freilichtbühne zeigt das Pfingstgeschehen. Bei den <mark>Waldspielen</mark> am Ludwigsberg kommen Klassiker der Literatur auf bairisch zur Aufführung. <mark>Insider Tipp</mark>

SEHENSWERTES

Fischerkanzel
Über der Stadt, am Zusammenfluss von Weißem und Schwarzem Regen, thront die barocke *Wallfahrts-* <mark>Insider Tipp</mark>

kirche Weißenregen. Sehenswert ist sie vor allem wegen der Fischerkanzel, an der die Menschen fischenden Apostelfiguren mit Netzen dargestellt werden.

Haidstein

🔺 Wolfram von Eschenbach schrieb hier Teile seines »Parzival«, vielleicht des herrlichen Ausblicks aus 743 m Höhe wegen, den man hier genießen kann.

Ludwigsberg

Auf dem Ludwigsberg erreicht man über einen Waldlehrpfad nach 15 Minuten einen 🔺 Aussichtsturm.

Wolframslinde

Sie soll 1000 Jahre alt sein, benannt ist sie nach dem Minnesänger Wolfram von Eschenbach. Das Naturwunder (Stammumfang 16 m) steht im Ortsteil Ried.

ESSEN & TRINKEN

Amberger Hof

Das Haus befindet sich seit Generationen in Familienbesitz. Spezialität: Krustenbraten. *Torstraße 2, Tel. 09941/95 00, www.amberger-hof.de, €*

Zur Post

Traditioneller Gasthof mit gehobener bürgerlicher Küche. Mit Hotel (13 Zi., €). *Herrenstraße 10, Tel. 09941/66 28, Fax 26 04, €€*

ÜBERNACHTEN

Bayerwaldhof

Wellness und Pferdesport werden großgeschrieben im sehr kinderfreundlichen Hotel der Springreiterfamilie Mühlbauer 6 km außerhalb,

mit Hallenbad und Reitschule. Hier sind Ferien mit eigenem Hund und/oder Pferd (Gastbox VP plus misten 14 Euro/Tag) möglich. *59 Zi., Liebenstein 25, Tel. 09941/94 79 50, Fax 947 95 30, www.bayerwaldhof.de, €€*

Wieser-Hof

Zwei Ferienwohnungen für vier Personen auf dem wunderschönen Einödhof, 200 m zum See. *Riedersfurt 1, Tel. 09941/13 64, Fax 13 18, €€*

FREIZEIT & SPORT

Kötzting hat ein *Ozon-Hallenbad* und *Wellenfreibad* sowie einen *Naturbadesee* in Blaibach. Ansonsten die üblichen Kurangebote: *Tennis, Reiten, Langlauf, Ski alpin* auf dem Hohen Bogen. Am *Höllensteinsee* stille Badeplätze und Bootsverleih *(Bootswandern auf dem Regen, Tel. 09941/41 28)*

AM ABEND

Es gibt ein *Kino*, viele gute *Gasthäuser* und einige *Diskos*. Zum 3000 m² großen *Spielkasino* mit amerikanischem und französischem Roulette gehören zwei Bars und ein Restaurant.

AUSKUNFT

Touristinformation, Herrenstraße 10, Tel. 09941/60 21 50, Fax 60 21 55, www.koetzting.de

ZIELE IN DER UMGEBUNG

Cham [106 A3]

In der Chamer Senke vor der Stadt liegt die große ehemalige Klosterkirche *Chammünster,* Gründung der Regensburger Benediktiner aus St. Emmeram – eine mächtige Anlage mit Chorteilen aus dem 13. Jh. Die *Reichsburg* auf dem östlich von Cham gelegenen Galgenberg war Sitz des Markgrafengeschlechts der Cham-Vohburger. Urkundlich erwähnt wird Cham (17 500 Ew.) schon 819.

Das Ensemble des eigentlich schönen *Marktplatzes* (spätgotisches Rathaus) wurde durch Kaufhausneubauten zerstört, der Renaissancebau *Cordonhaus, Mi–So 14–17, Do bis 19 Uhr,* beherbergt Heimatmuseum und Galerie. Barocken Prunk zeigt die *St. Jakobskirche.* Berühmtester Sohn der Stadt ist der spätere französische Marschall Nikolaus Graf von Luckner, dem die Marseillaise gewidmet ist. In Loifling wurde der *Churpfalzpark* eingerichtet, größter Freizeit- und Erlebnispark Ostbayerns. Cham ist seit 2001, als es Gastge- ber für die Landesgartenschau war, besonders herausgeputzt und begrünt. *17 km von Kötzting, www.cham.de*

Falkenstein [105 E3]

Schön gelegener Markt und Luftkurort (3200 Ew.), den eine reizvolle ☀ *Burganlage* mit malerischem Arkadenhof aus dem 11. Jh. krönt. Einer der Burgzwinger heißt Weiberwehr, in Erinnerung an die Frauen, die im 15. Jh. mithalfen, die Hussiten abzuwehren. Die Anlage umgibt ein 120 000 m² großer Naturfelsenpark mit urwaldartigem Baumbestand. Die Gaststätte der Burg hat eine nette Terrasse. Von Juni bis August finden Burgspiele statt. Ritter Heinrich von Hohenfels hatte einen flotten Spruch gereimt: »Ich bin der Herr von Falkenstein, sauf aus, schenk ein!/ Hei, welch ein lustig Junkerleben/ so lang die Bauern Steuern geben!«. *37 km von Kötzting*

Altes Holzhaus in Falkenstein im spätsommerlichen Licht

Drachenstich wie im Jurassic Park

Die altersschwache Oberpfälzer Bestie darf dank Hightechnachfolger bald endgültig sterben

Seit 500 Jahren erstechen die Further jeden Sommer eine feuerspeiende Bestie. Der Drache steht für Kriege, das grausame Treiben der Hussiten, die harte Hand der Burgherren und die ganze Not der Menschen im Tal. Das aktuelle Ungeheuer, 20 m lang und 10 t schwer, hat 30 Jahre auf dem so zackenbewehrten wie altersschwachen Buckel. Mechanisch-hydraulisch wird es mit Hilfe eines verschluckten Gabelstaplers bewegt, von innen über Monitore gesteuert. Nun sind seine Tage gezählt: Bald soll der Roboter »Tradinno« Premiere feiern. Das bei 17 m Länge nur noch halb so schwere Hightechmonster aus Alu und Kunststoff, ganz öko mit Wasserstoffmotor, soll sich ferngesteuert wie ein Ur-Reptil bewegen. Mehr zum Festival: *www.drachenstich.de*, *www.furth.de* und *www.furth-hohenbogenwinkel.de*

Furth im Wald   **[106 B–C2]**
Wahrzeichen der 18 km von Kötzting entfernten Grenzstadt im Chambtal (9500 Ew.) mit einem der am meisten befahrenen Grenzübergänge nach Böhmen sind der 45 m hohe Turm der barocken *Pfarrkirche* und der neugotische *Stadtturm.* Man kann ihn besteigen und aus 20 m Höhe auf Furth und ins Chambtal blicken. Er beherbergt das *Landestor-Museum* und Deutschlands erstes *Drachenmuseum*, *Ostern–Nov. Di–So 10.15–17, Dez.–Ostern Di und Do 14.15–17, Sa/So 11–13 Uhr, www.drachenstich.de.*

Hoher Bogen   **[106–107 C–D3]**
Hier ist das Klima weicher und niederschlagsärmer als im Innern des Bayerischen Waldes. Von diesem 7 km langen Gebirgszug mit mehr als zehn Gipfeln – ein lohnendes Wandergebiet – genießt man den schönsten Blick ins Chambtal. Der Hohe Bogen hat allerdings keine Ruhe mehr, seit er zu einem Freizeitzentrum ausgebaut wurde.

Lam   **[107 E3]**
Der Lamer Winkel ist ein mildes Tal mit dramatischen Rändern. Wie ein Hufeisen wird der Winkel von den höchsten Bergen des Bayerischen Waldes eingerahmt. Der freundliche Marktflecken (3000 Ew.) zu Füßen des Osser, etwa 18 km von Kötzting entfernt, hat ausgezeichnete touristische Angebote und sehr gute Hotels, allerdings kein Nachtleben. Über das Schürfen im Mittelalter informiert das *Mineralienmuseum, Daxenhöhe, tgl. 9–12 und 13–18 Uhr.* Lam im Internet: *www.lam.de*

Neukirchen beim Hl. Blut   **[107 D2–3]**
Im 15. Jh. hieß der Ort noch »Neukirchen vor dem Böhmerwald«,

Schloss, Kirche und befestigter Friedhof lagen mitten im Markt. Die entscheidende Wende nahm das Dorf mit den Hussiten. Sie verwüsteten das Schloss, einer ihrer Reiter spaltete mit seinem Schwert aber auch eine böhmische Marienstatue, die aus Sicherheitsgründen in eine Kapelle gebracht worden war. Aus dem Spalt auf dem Haupt floss Blut. So entstand »beim Hl. Blut«, im Mittelalter eine der größten Wallfahrten Europas. *18 km von Kötzting*

Osser [107 E3]

Der verträumte Berg (1293 m) gehört zum böhmischen Künischen Gebirge, das benannt ist nach den künischen (königlichen) Freibauern, die das Gebiet als unmittelbar dem König unterstellte Siedler im 11. Jh. urbar machten. Die Doppelgipfel des Bergs wurden in Böhmen als »Brüste der Muttergottes« bezeichnet.

Roding [105 E1–2]

Der uralte Flecken am Regen hat durch Garnison und Industrie einen beachtlichen Aufschwung genommen – für das Stadtbild nicht immer zum Besten. Eines der schönsten Landschaftsbilder am Regen – mit den traumhaften Stimmungen eines mäandernden Flusses – bietet sich Ihnen westlich von Roding, bei der ◀▮▶ *Burg Regenpeilstein.* Der Quelle bei der idyllisch gelegenen *Wallfahrtskirche Heilbrünnl* werden Heilkräfte zugesprochen. *31 km von Kötzting*

Waldmünchen [106 A1]

Hätte der Pandurenführer Franz von der Trenck 1742 die von Mönchen gegründete Stadt nicht gestürmt – der Luftkurort im Schwarzachtal, heute Kreisstadt (8000 Ew.), hätte außer seiner Glasherstellung keine Attraktion. Von den mittelalterlichen Bauten ist nämlich nichts übrig geblieben. Seit

Über den Ossergipfel verläuft die Grenze zu Tschechien

1950 jedoch kämpfen und feiern nächtens an zehn Tagen im Juli und August 350 Akteure in farbenprächtigen Kostümen. Der *Pandurensteig* erschließt in acht Tagen den Bayerischen Wald von Waldmünchen bis Passau. *36 km von Kötzting*

REGEN

[111 E1] Benannt ist die Kreisstadt (12 500 Ew.) nach dem bedeutendsten Fluss des Bayerischen Waldes. Der Kleine und der Große Regen vereinigen sich in Zwiesel zum Schwarzen Regen. Dieser verschmilzt in Blaibach mit dem Weißen Regen zum puren Regen. Der Erholungs- und Wintersportort ist eine Gründung der Benediktiner des nahen Rodungsklosters Rinchnach aus dem 12. Jh.

Der rechteckige Stadtplatz mit den typisch niederbayerischen Giebelhäusern wird beherrscht von Bürgerhäusern aus dem 19. Jh. und einer prunkvollen *Mariensäule,* die heute aus einem modernen Brunnen ragt. Im Ortsteil March (günstige Lage zum Skizentrum Geißkopf-Oberbreitenau) mit seiner schönen Kirche lohnt eine Einkehr im Landgasthof *Zur alten Post* mit eigener Metzgerei, auch *Pension, 43 Zi., Hauptstraße 37, Tel. 09921/23 93, Fax 81 31, www.gasthof-wurzer.de, €.*

St. Michael
Die Pfarrkirche entstand 1655 an Stelle der 1648 zerstörten romanisch-gotischen Kirche. Der Turm mit der Zwiebelkuppe war Teil der früheren Friedhofsbefestigung und diente auch schon als Wehrturm.

MUSEUM

Niederbayerisches Landwirtschaftsmuseum
Das Museum, eines der modernsten Bayerns, demonstriert 150 Jahre Bauerngeschichte. *Schulgasse 2, tgl. 10–17 Uhr*

ESSEN & TRINKEN ÜBERNACHTEN

Brauereigasthof Falter
Traditionsreiches Wirtshaus mit üppiger Küche und 18 Zimmern. *Am Sand 14, Tel. 09921/942 30, www.privatbrauerei-jb-falter.de, www.hotel-ami.de, €€€*

Landhotel Mühl
Nicht nur Restaurant, sondern auch eine stilvolle Unterkunft ist das Landhotel Mühl 6 km außerhalb. Auch geräumige Apartments. Beim Hütten- und Tanzabend singt der Wirt abends noch wirklich selbst. *33 Zi., Schweinhütt, Tel. 09921/95 60, Fax 97 02 32, www.landhotel-muehl.de, €€*

Poschetsried
☀ Gutshof mit Pension, ein ruhiges Quartier und schöner Blick auf die Bergkette. *40 Zi., Poschetsried 50, Tel. 09921/880 30, Fax 88 03 50, €*

Waldferiendorf
Ferienhäuser mit bis zu 120 m² Wohnfläche mit offenen Kaminen und Kachelöfen. *Waldferiendorf Regen, Haus Nr. 2, Tel. 09921/34 21, Fax 76 17, www.waldferiendorf-regen.de, €*

Sagenhaftes

Auf den Spuren von Mühlhiasl und Räuber Heigl

Ein bundesweit einmaliger Prophezeiungsmythos rankt sich um den Müllerssohn Mühlhiasl (sprich Muihiasl) aus Apoig beim Kloster Windberg. Er sah sich im 18. Jh. »herausgenommen aus der Zeit, dass ich schauen kann, was kommt, als wärs schon da«, sagte z. B. das Waldsterben voraus: »Der Wald wird aber so licht werden wie des Bettelsmanns Rock«. Forscher führen seine über Generationen weitererzählten Geschichten auf mittelalterliche Wanderprophezeiungen zurück. Eine andere Kultfigur, zugleich Volksheld, ist der verwegen-stolze Räuber Heigl. Eine außergewöhnlich schöne Zweitagestour folgt seinen Spuren vom Kaitersberg zum 1456 m hohen Arber (Rückweg per Bus oder Auto): Von Kötzting kommen Sie über die Räuber-Heigl-Höhle zum Kreuzfelsen (999 m; Einkehr in der Hütte beim Mittagstein, 1034 m). Der Grat des Kaitersbergs lässt Sie weit über Lamer Winkel und Zellertal blicken. Am zweiten Tag gehts über das Forsthaus Schareben zum Arbergipfel.

FREIZEIT & SPORT

Regen ist ein Ort für passionierte Angler (Jahresfischereischein erforderlich) und Wassersportler, die herrliche Wildwassertouren mit Kanu und Schlauchboot suchen. Wanderer fahren mit dem »Böhmerwaldcourier« von Deggendorf, Regen, Grafenau über Bayerisch-Eisenstein an den Spitzberg und nach Klattau *(Info Tel. 09925/327)*.

AUSKUNFT

Touristinformation, Schulgasse 2, Tel. 09921/29 29, Fax 604 33, www.regen.de

ZIELE IN DER UMGEBUNG

Bischofsmais　　　　**[111 D–E2]**
Erholungsort in schöner Waldlandschaft mit Geißkopf, 9 km von Re-

gen entfernt. Neueste Attraktion ist ein *BMW-Bikerpark* für Mountainbiker. Und einen kontemplativen Abstecher in westlicher Richtung wert ist die *Wallfahrtsstätte St. Hermann.*

Inside Tipp

Burg Weißenstein　　　　**[111 E1]**
In dem schön gelegenen Dorf bei Regen treten die Quarzriffe des Pfahls an den Tag. Die Burg wurde im Dreißigjährigen Krieg zerstört, der ✦ Bergfried dient als Aussichtsplattform. Der Dichter Siegfried von Vegesack lebte mehrere Jahrzehnte bis 1974 im Getreidespeicher, dem *Fressenden Haus.* Es ist ihm heute als Museum gewidmet und beherbergt außerdem eine Schnupftabakgläser-Sammlung. *Sommer tgl. 10–12 und 13–17 Uhr*

Regener See　　　　**[111 E1]**
Mit dem Bau eines Kraftwerks entstand 1955 ein 2 km langer See mit

150 m langer Staumauer, der heute auch als Bade- und Wassersportsee genutzt wird.

Rinchnach [111 F1–2]

Um das Jahr 1000 gründete der Mönch Gunther zuerst eine Einsiedelei, dann ein Kloster. Rinchnach gilt seither als älteste Kulturstätte des Mittleren Bayerischen Waldes, die Kirche aus dem 18. Jh. loben die Einheimischen als schönsten Barockbau des Waldes. Die Einwohner des »Klosters«, wie der Ort im Tal der Ohe genannt wird, feiern ihren Gründer neben dem jährlichen St.-Gunther-Fest alle vier Jahre mit Freilichtspielen, das nächste Mal 2005. *7 km von Regen*

REGENSBURG

 Karte in der hinteren Umschlagklappe

[104 A4–5] Kaum eine deutsche Großstadt hat einen so gut erhaltenen mittelalterlichen Stadtkern wie Regensburg (140 000 Ew.). Er blieb von Kriegen weitgehend verschont und wurde in den vergangenen Jahren vorbildlich saniert. So erwartet Sie ein lebendiges Museum mit Bau- und Kunstdenkmälern vom 2. bis 21. Jh., darunter rund 100 Kirchen. Ein Muss bei einem Kurzbesuch sind St. Emmeram, die mächtige benediktinische Klosteranlage mit barocker Asam-Kirche; der Dom St. Peter, in 400 Jahren Bauzeit geschaffen mit dem Ziel, ein Sinnbild für die Harmonie im Reich Gottes herzustellen; die Steinerne Brücke über die Donau, ein mittelalterliches Architekturwunder; ein Rundgang durch die Altstadt mit ihren mittelalterlichen Gassen und mächtigen Patrizierhäusern. Die Römersiedlung Ratisbona baute Marc Aurel 179 zum mächtigen Legionslager Castra Regina aus. Der hl. Bonifatius gründete 739 ein Bistum. Die Bajuwarenherzöge der Agilolfinger machten Reganespurc zur ersten bayerischen Hauptstadt, Kaiser Karl der Große machte es zum wichtigsten Königshof in Süddeutschland, Sohn Ludwig der Deutsche zum Mittelpunkt des Ostfrankenreichs. Die Stadt am nördlichsten Punkt der Donau war vom 11. bis zum 14. Jh. bedeutende Handelsmetropole und schließlich, von 1663 bis 1806, Sitz des »Immerwährenden Reichstags des Heiligen Römischen Reiches Deutscher Nation«.

Sie war keine geistliche Stadt wie Passau. Reiche Kaufleute setzten schon 1245 die »Freie Reichsstadt« durch und bauten sich prächtige Patrizierhäuser nach italienischem Vorbild mit Geschlechtertürmen (am eindrucksvollsten das *Haus Heuport* beim Dom und der neunstöckige *Goldene Turm* in der Wahlenstraße). Gegen den Dom stellten sie ein mächtiges Rathaus und folgten Luther in der Bewegung gegen Rom – der Modellfall des *cuius regio eius religio,* des Miteinanders der Konfessionen. Die Stadt war viergeteilt in Königsstadt, Klerusstadt, die Stadt der Kaufleute und Stadtamhof nördlich der Steinernen Brücke, das bayerisch war. Freilich gab es hier auch einen von Thurn und Taxis, Vertreter des Kaisers. Nicht nur die wirtschaftliche und politische Rolle des Fürstenhauses übertrug sich auf die Stadt, die Bauten der Adelssippe verliehen Regensburg auch Kraft und Ausstrahlung. Die alte Bedeutung ist

Momentan »außer Betrieb«: Wasserspeier am Regensburger Dom

längst dahin. Napoleons Truppen fielen ein. 1810 wurde Regensburg bayerisch. An Schönheit hat es nichts verloren, aus dem Zweiten Weltkrieg ging es nahezu unbeschädigt hervor, und als Universitätsstadt und Zentrum moderner Industrie hält Bayerns viertgrößte Stadt schon wieder kräftig mit.

SEHENSWERTES

Altes Rathaus

Es demonstrierte den Stolz und die Macht der Bürgerschaft und war auch prächtig genug, dass darin 143 Jahre lang der »Immerwährende Reichstag« tagte. Eine Sehenswürdigkeit ersten Ranges ist der große Reichssaal im ersten Stock. Der Kaiser saß unter dem Thronbaldachin, die Fürsten und Reichsstädte gruppierten sich in einer streng geregelten Sitzordnung um ihn herum. Kurfürsten und Fürstenkollegium hatten ein eigenes Beratungszimmer (original erhalten). Im Kellergewölbe gab es auch eine Folterkammer, Fragstatt genannt, eine Armesünderkammer und Gefängniszellen. *Alter Rathausplatz, tgl. Führungen, April–Okt. fast jede halbe Stunde zwischen 10 und 15.30 Uhr*

Dom St. Peter

An der Kathedrale *(Domplatz)*, innen und außen fast stilrein, wird seit 1275 gearbeitet, sie ist ein Hauptwerk der Gotik in Bayern: zwei mächtige Türme (105 m), figurenreiche Außenfront, ein Innenraum, der durch künstlerische Werke, Weiträumigkeit und die von farbigen Glasfenstern (14. Jh.) unterstrichene Stimmung besticht. Im Domkreuzgang sehen Sie großartige Grabdenkmäler, im Domschatzmuseum (erreichbar durch den Nordausgang) Kostbarkeiten aller Jahrhunderte. Der ganze Domkomplex – unmittelbar neben St. Peter steht St. Ulrich, der spätromanische alte Dom – birgt interessante Kapellen und Baudenkmäler, die seit Jahren gründlich renoviert werden.

Über den Domgarten erreicht man die Basilika Niedermünster, eine der ehrwürdigsten Kirchen der Stadt. Sie stammt aus dem 7. Jh., gebaut ist sie auf den Fundamenten eines römischen Wohnhauses. Das Klostergebäude nebenan ist heute bischöfliches Ordinariat. Ein Stück weiter, »Unter den Schwibbögen«, sieht man Reste der römischen Stadtmauer, und im ehemaligen Bischofshof das Nordtor der ehemaligen Castra Regina, ein mächtiges Mauerwerk: die Porta Praetoria.

Sankt Emmeram

★ Wie das damals so ging: Der Heilige (Emmeram) wird ermordet, der Herzog lässt ihn (685) außerhalb der Stadt beisetzen, plötzlich wird das Grab zur Wallfahrt, und aus der Wallfahrtsstätte erwächst ein Kloster. Das Kloster wurde stark genug, sich vom Hochstift zu trennen; seit 1812 dient es denen von Thurn und Taxis als fürstliches Schloss. Die Kirche darin, eine dreischiffige Basilika, gilt als ungewöhnlich schön und erhaben, sie wurde 1731 von den Asam-Brüdern barock umgestaltet. *Sankt Emmeramsplatz*

St. Jakob/Schottenkirche

Bruder Mercherdach, ein irischer Mönch, gründete hier um 1040 eine Einsiedelei, Keimzelle des späteren Klosters. Das Hauptportal, genannt Schottentor, zählt zu den bedeutendsten romanischen Werken des Abendlands (*Jakobsstraße*). In der strengen und schlichten Dominikanerkirche lehrte der große Gelehrte Albertus Magnus, 1260–62 Bischof hierselbst. *Waffnergasse*

Steinerne Brücke

★ 800 Jahre lang war das zwischen 1135 und 1146 gebaute Meisterwerk der Architektur der einzige Verkehrsweg über die Donau. Das älteste deutsche Brückenbauwerk hat auf einer Länge von 310 m 16 Bögen. An ihrem einen Ende steht die historische Wurstküche, die frühere Brückenbauhütte (empfehlenswert neben den Bratwürsten die Kartoffelsuppe), an ih-

Die Werke der Gebrüder Asam

Genial gestaltete Kirchenräume entlang der Donau

Der Name Asam steht für die schönsten Kirchenräume des süddeutschen Barock. Den Brüdern Cosmas Damian und Egid Quirin Asam gelang in ihrer Kunst zu Beginn des 18. Jhs. eine meisterhafte Gestaltung, die Architekturelemente mit theatralischen Gesten und Lichteffekten verbindet. Die Klöster und Kirchen mit den genialen Stuckaturen reihen sich entlang der Donau wie an einer Perlenschnur aufgezogen, von Aldersbach bei Passau bis zum Kloster Weltenburg bei Regensburg. Die Werkstätten alphabetisch geordnet: Aldersbach, Alteglofsheim, Frauenzell, Gotteszell, Metten, Oberalteich, Osterhofen-Altenmarkt, Regensburg, Straubing, Weltenburg.

rem anderen zwei schattige Biergärten mit Blick auf die Domtürme.

MUSEEN

Kepler-Gedächtnishaus

Wohnräume und Instrumente des berühmten Astronomen (1571 bis 1630) und reichlich Quellen zu Leben und Forschung Johannes Keplers. *Keplerstraße 5, Di–Sa 10–12 und 14–16, So/feiertags 10–12 Uhr*

Ostdeutsche Galerie

Werke bildender Künstler aus ehemaligen deutschen Ostgebieten. *Dr.-Joh.-Maier-Straße 5, Di–So 10 bis 16 Uhr, So/feiertags auf Anfrage, Tel. 0941/29 71 40*

Stadtmuseum

Lokalhistorische Sammlungen in über 100 Räumen des ehemaligen Minoritenklosters, u. a. römische Gräberfunde. In der Gemäldegalerie Werke von Albrecht Altdorfer, Stadtbaumeister und Hauptmaler der Donauschule. *Am Dachauplatz,*

Di–So 10–16 Uhr, feiertags auf Anfrage

Städtische Galerie »Leere Beutel«

Wechselausstellungen moderner Kunst in den »Leeren Beuteln«, einem siebengeschossigen Getreidekasten. *Bertoldstraße 9, Di–So 10–16 Uhr*

ESSEN & TRINKEN

Historisches Eck

Eine sehr feine Küche in historischen Räumen. *Watmarkt 6, Tel. 0941/589 20, €€€*

Historische Wurstküche

Kein Restaurant, sondern eine 850 Jahre alte Kuchl mit berühmten Bratwürsten (bis 19 Uhr). *An der Steinernen Brücke, Tel. 0941/ 46 62 10, €*

Kneitinger Garten

🏃 Biergarten am Ostende des Oberen Wörth, gut von der Steinernen

Langsam wird es Nacht über der Steinernen Brücke

Brücke aus zu erreichen, bietet besten Blick auf Brücke und über das »Bschacht« (Überlauf- und Schutzwehr) auf die Altstadt.

ÜBERNACHTEN

Es gibt eine Reihe von Hotels in der Altstadt. Zwar werden Bischofshof, Karmeliten und Arch allgemein bevorzugt. Entscheidender ist jedoch, dass Sie in der boomenden Kongressstadt überhaupt ein freies Bett finden. Anfragen bei der Touristinformation ist nahezu unumgänglich. Preisgünstiger, schöner, ruhiger und mit bester Anbindung durch öffentliche Verkehrsmittel wohnen Sie im Umland.

Altstadthotel Arch

Hotel in einem schönen Patrizierhaus in der Altstadt. *65 Zi., Haidplatz 4, Tel. 0941/586 60, Fax 586 61 68, www.regensburg-ring hotels.de, €€€*

Bischofshof

Frühere Bischofsresidenz neben dem Dom, entsprechend ist das Ambiente. Mit historischen Gasträumen und Biergarten. *55 Zi., Krauterermarkt 3, Tel. 0941/584 60, Fax 584 61 46, www.ho tel-bischofshof.de, €€*

Parkhotel Maximilian

First-class-Hotel im Rokokogewand, sehr stilvoll, mit guter Küche und Bars. *52 Zi., Maximilianstraße 28, Tel. 0941/568 50, Fax 529 42, www.maximilian-hotel.de, €€€*

AM ABEND

An Theater, Konzerten und sommerlichen Serenaden herrscht kein

Fußgängerzone in Regensburg

Mangel (die Regensburger Domspatzen pfeifen allerdings nur am Morgen, sonn- und feiertags, im Dom). Von Ende Mai bis September umfangreiches Kulturprogramm mit Musik, Theater und Ausstellungen in historischen Räumen, im Juni Bach-Wochen, im Juli Jazz-Weekend in der Altstadt. Bauerntheater im Colosseum. Empfehlenswert: *Kulturfabrik Alte Mälzerei, Gallenbergstraße 20; Orphee, Café-Restaurant, Untere Bachgasse; Hemingways, Bar in der Oberen Bachgasse*

AUSKUNFT

Touristinformation, Altes Rathaus, Tel. 0941/507 44 10, Fax 507 44 19, www. regensburg.de, www.inregensburg.de

Frauenzell [104 C4]

Die ehemalige *Klosterkirche zu Unserer Lieben Frau* nördlich von Wiesent ist eine der schönsten Sehenswürdigkeiten im Vorwald. Die Kirche geht auf zwei Einsiedler zurück, 1424 entstand eine Abtei: ein einsam gelegenes, armes Benediktinerkloster. Der heutige Bau von 1795 entstand nach Verwüstungen durch Schweden im Dreißigjährigen Krieg. Er beeindruckt vor allem durch das riesige Deckenfresko und die helle, freundliche Gesamtausstrahlung der prächtigen Rokokostuckatur in Grün, Gold und Rosa. *30 km von Regensburg*

Straubing [105 E–F6]

★ Die Hauptstadt des Gäubodens (40 000 Ew.) wirkt mit dem putzigen Stadtturm (14. Jh.) wie aus dem Spielzeugmuseum, dabei ist sie die wohl typischste niederbayerische Stadt. Der 600 m lange Marktplatz zeigt reich verzierte Bürgerhäuser mit eigentümlichen Treppengiebeln; außerdem behäbige Gasthöfe, traditionelle Cafés (ein Muss: Agnes-Bernauer-Torte im *Café Krönner*) und barocke Kirchen. Sehenswert vor allem die Asam-Arbeiten in der *Ursulinen-Kirche* und, mit Friedhof und Totentanz-Kapelle, die romanische *St.-Peter-Kirche*. Erste Siedlungen gab es in der Jungstein- und Keltenzeit. Die Römer bauten das Kastell Sorviodurum (Römerschatz im Stadtmuseum), Bayernherzog Ludwig der Kelheimer gründete 1218 die Stadt, und einmal (1353–1424) gab es gar ein bayerisches Herzogtum Straubing-Holland. Die Stadt brachte große Söhne hervor wie den Forscher Joseph Fraunhofer (oder auch den Konquistadoren Ulrich Schmidl, im 16. Jh. Mitbegründer von Buenos Aires). Sie zeigt bayerisch-barocke Festlichkeit auf dem jährlichen Gäubodenfest (1 Mio. Besucher) und Flair mit einer Trabrennbahn und recht freizügigem Nachtleben.

Ein Drama von shakespeareschem Ausmaß wird alle vier Jahre (2006) aufgeführt und hat folgenden Hintergrund: Die Baderstochter Agnes Bernauer begnügte sich nicht mit der Rolle der Geliebten eines bayerischen Erbprinzen, sie setzte die Hochzeit durch und residierte mit Gemahl in Straubing. Der Schwiegervater verurteilte sie zum Tod durch Ertränken. *47 km von Regensburg*

Walhalla [104 B4]

358 Stufen muss man hinaufsteigen in den »Olymp der deutschen Geistesheroen« über der Donau. Ludwig I. hatte sich die Ruhmeshalle erdacht, bei einem Besuch des Fürsten von Thurn und Taxis fand er auch den Platz dafür, auf der Anhöhe bei Donaustauf. Mit dem Bau des Marmortempels wurde Hofarchitekt Leo von Klenze beauftragt, der (1830–42) im dorischen Stil Griechenlands baute, um hier die besten Köpfe des Volkes zu zeigen. Sie müssen 20 Jahre tot sein, bevor ihre Büsten aufgestellt werden dürfen, die Entscheidung über Neuzugänge trifft der Bayerische Ministerrat. *16 km von Regensburg*

Wiesenfelden [105 E4]

Eine eigenartige Hochmoorlage mit Heidecharakter und mehreren Weihern macht die Gegend zu einer beschaulichen Sommerfrische. Zentrum des kleinen Orts Wiesenfelden sind das dreigeschossige Schloss von 1648 und die Akademie von Bayerns oberstem Naturschützer Hubert Weinzierl (mit Wildkatzenaufzuchtstation). *40 km von Regensburg*

VIECHTACH

[106 C5] Vermutlich war es eine Furtstelle über den Schwarzen Regen, die zur Erstbesiedlung führte (das Wappen der Stadt zeigt kein Vieh, sondern eine Fichte). Bewegte Vergangenheit: Nach den Klosterbrüdern von Metten kümmerten sich die Grafen von Bogen um das »Viechtreich«. Der Graf zog aber schließlich ins Heilige Land zum Kreuzzug und betraute wiederum die Mönche, diesmal die vom Kloster Windberg, mit der Siedlung. Durch seine Lage an der Handelsstraße Baierweg (Straubing–Böhmen) entwickelte sich der Ort zu einem ansehnlichen Handelsplatz. Aber es kamen die Schweden im Dreißigjährigen Krieg (aus dieser Zeit stammen wahrscheinlich die »Schrazellöcher«, unterirdische Gänge), dann plünderten und brannten die Panduren.

Der Luftkurort (8500 Ew.) wurde für Maßnahmen zur Erhaltung historischer Kulturlandschaften ausgezeichnet und vergibt ein Siegel für umweltfreundliche Herbergen. Für Viechtach spricht das milde Klima. Wegen der wenigen Bewölkungsstunden wurde hier die deutsche Satellitenbeobachtungsstation eingerichtet. Schauen Sie sich auf einem Spaziergang die *Rokokopfarrkirche St. Augustinus* (1766) und das barocke *Rathaus* an.

SEHENSWERTES

Gläserne Scheune
Insider Tipp

Der Glasmaler Rudolf Schmid arbeitet seit 1980 an seinem Lebens-

Marmorner Ruhmestempel bei Donaustauf: Walhalla

werk: Er hat einen alten Heustadel in ein Monument umgewandelt. Statt der hölzernen entstanden riesige Glaswände, bemalt mit Motiven aus den Weissagungen des Waldpropheten Mühlhiasl. In ein 30 Zentner schweres Scheunentor hat Schmid die »Wilde Jagd« eingeschnitzt. *Raubühl 3, tgl. April–Sept. 10–17, Okt. 10–16 Uhr, www.glaeserne-scheune.de*

Neunussberg

Die renovierte Burgruine aus dem 14. Jh. mit Burgschänke *(Do–So)* ist im Sommer Kulisse für Burgfestspiele *(tgl. geöffnet, notfalls Schlüssel im Bauernhof; im Sommer Führungen Di 14 und Do 10 Uhr).*

Pfahl

★ 100 bis 300 Mio. Jahre alt ist der Pfahl, ein 150 km langer Gesteinszug (auch »Teufelsmauer« genannt), der den Bayerwald durchschneidet; nur an wenigen Stellen ist er oberirdisch sichtbar. Nordwestlich von Viechtach liegt das Naturschutzgebiet *Großer Pfahl.* Die Schutzregion *Kleiner Pfahl* mit einem Kreuzweg finden Sie südlich davon bei der *Antoni-Kapelle.*

Vogelpark

Über 600 Vögel in 130 Arten und Unterarten. *Nähe Höllensteinsee, April–Okt. tgl. 10–18 Uhr*

MUSEEN

Die Ägayrischen Gewölbe

Das Museum mit dem seltsamen Namen, eine Raritätensammlung altägyptischer und griechischer Kunst (angeblich einmalig in Europa), zeigt »Altes und Neues aus der alten und der ganz alten Welt«. Es sind keine Originale, aber sehenswerte Repliken der Weltkulturen, wie z. B. der Kopf der Nofretete. Die Ausstellung in der Kapelle des Bürgerspitals zeigt glitzernde Kristalle. *Spitalgasse 5, April–Okt. tgl. außer Mo 10–16 Uhr, www.gewoelbe.de*

Klingl Kristallmuseum

In der Geschenkegalerie Klingl sind weit über 1000 verschiedene Mineralien und Kristalle aus aller Herren Länder ausgestellt. *Geöffnet zu den Geschäftszeiten und sonntags 10–16 Uhr, Linprunstraße 4*

ESSEN & TRINKEN
ÜBERNACHTEN

Landhotel Miethaner

Schön gelegenes, ruhiges Landhotel am Höllensteinsee. *35 Zi., Höllenstein 12–13, Tel. 09941/95 30, Fax 95 31 99, www.landhotel-miethaner.de, €€*

Schmaus

Modernes »Gourmet-Verwöhnhotel« mit Hallenbad. Empfehlenswert: ein Mahl aus der Feinschmeckerküche im Haus. *41 Zi., Stadtplatz 5, Tel. 09942/941 60, Fax 94 16 30, www.hotel-schmaus.de, €€*

Seeblick

❧ Ausflugsrestaurant mit hoch gelegener Terrasse am Höllensteinsee. *Tel. 09941/84 00, €*

EINKAUFEN

Glasobjekte in den Werkstätten *Arnbruck, Weinfurtner;* Mitbringsel in der *Viechtacher Kunststube* am Stadtplatz.

Touristinformation, Stadtplatz 1, Tel. 09942/16 61 und 194 33, Fax 61 51, www.viechtach.de

ZIELE IN DER UMGEBUNG

Geiersthal   [107 D6]

Zwischen Sankt Englmar, Viechtach und Bodenmais liegt die Gemeinde Geiersthal (2400 Ew.), die über 600 Gästebetten bereithält. Hier lohnt sich der Besuch der wiederentdeckten ☀ *Burg Altnussberg* mit einer Schänke. Die Burg war lange Zeit Bayerns größte Grabungsstätte. Witzig: Im Internet finden Sie unter *www.geiersthal.de* einen Link zum Panoramarundblick vom Burgturm. Sehenswert sind auch die Fresken im spätgotischen Chor der Kirche der Urpfarrei *St. Margareta*.

Mitterfels   [105 F5]

Von der alten Lehensburg der Grafen von Bogen steht noch eine Halbruine mit gewaltigen Ringmauern und breitem Burggraben. Bis ins 19. Jh. war der Ministerialsitz der Herren von Mitterfels unter der Krone Bayerns ein bedeutendes Pflegegericht (heute ein interessantes *Heimatmuseum, Ostern bis Allerheiligen Do 15–18, So und feiertags 14–17 Uhr*). Der Luftkurort (2000 Ew.) liegt anmutig auf einem Felsrücken über dem Perlbachtal. Die reizvolle Lage auf dem Plateau führte schon in früher Zeit zu dem Namen »Bayerisches Jerusalem«. *29 km von Viechtach*

Sankt Englmar   [106 C6]

☀ Der kleine, etwa 13 km von Viechtach entfernte Luftkurort (1400 Ew.) mit modernen Hotels, entstanden aus einer Einsiedelei des 1120 ermordeten Eremiten Englmar, beeindruckt auf Grund seiner aussichtsreichen Höhenlage am Pröller (1048 m). Bekannt ist vor allem das so genannte Englmarisuchen am Pfingstsonntag. Dabei wird eine bekleidete Holzstatue des Dorfpatrons versteckt. Der Brauch erinnert daran, dass der Knecht des Grafen von Bogen den Gottesmann umbrachte, weil er die Mühe scheute, im Winter Lebensmittel auf den Berg zu bringen. Die Leiche des Eremiten wurde erst im folgenden Frühjahr gefunden.

Am Pröller gibt es 13 Skilifte, davon drei mit Flutlichtanlage ausgestattete, eine 75 m lange Natur-Halfpipe für Snowboarder und sieben Loipen mit 56 km Gesamtlänge. Übernachten können Sie zum Beispiel im *Sport- und Wellnesshotel Angerhof, 80 Zi., Am Anger 38, Tel. 09965/18 60, Fax 186 19,* €€€.

Windberg   [110 A–B2]

Inside Tipp

Die Klosteranlage der Prämonstratenser in dem kleinen Ort bei Windberg Bogen hat bis heute ihren spätmittelalterlichen Charakter bewahren können. Das Kleinod auf einem Höhenzug des Südausläufers des Bayerischen Waldes ist eine Gründung der Grafen von Bogen aus dem Jahr 1142. Es zeigt eine einzigartige romanische Portalskulptur aus dem 13. Jh. und wertvolle Handschriften. In der bewegten Geschichte der Niederlassung taucht auch der in der Mühle Apoig am Fuß des Klosters geborene Waldprophet Mühlhiasl auf. Seit 1923 leben hier wieder Mönche. *28 km von Viechtach*

Tradition und Moderne

Kultur, Klöster und Konsum
prägen diese durchaus poetische Region

Der Untere Bayerische Wald hat schon auf Grund der Nähe zum Nationalpark, zu Tschechien und Österreich große Anziehungskraft. Adalbert Stifter schrieb über das Dreiländereck: »Meine ganze Seele hängt an dieser Gegend ...«. Auf die Zahl drei trifft man hier oft: Dreisessel (Berg), Dreiburgenland, Dreiflüssestadt (Passau) und Bäderdreieck. Der Wechsel von Bergen und Tälern, Wiesen und Wäldern, kargen und fetten Böden, von Flüssen und Seen macht das Leben wie den Urlaub reizvoll und kurzweilig. Auwiesen mit murmelnden Bächen und kleine Dörfer mit barocken Kirchen verleiten dazu, den Alltag zu vergessen. Doch der holt einen dann in den oft autoverstopften und lauten Städten wieder ein. Mag sein, dass im Bayerischen Wald auch wegen des Traditionsbewusstseins die Uhren ein bisschen anders gehen. Doch keine Bange: Das 21. Jh. hat selbst diese Provinz längst mit Vehemenz erreicht.

Hier unten geht die dunkle Heimat der Glasmacher in das Abteiland über. Es ist das frühere Hoheitsgebiet der Fürstbischöfe zu Passau, eine relativ spät urbar ge-

Passau, Blick auf St. Michael am Inn

machte und besiedelte Gegend, erschlossen durch den mittelalterlichen Salz- und Glashandel auf den »Goldenen Steigen« nach Böhmen. Vom Dreisessel kommt man über die Neue Welt um Breitenberg hinunter zur fruchtbaren und belebten Stromlandschaft der Donau.

Die Ilz (keltisch *iliza* = fließen), 65 km lange »Schwarze Perle«, Wildwasser, 2002/03 Flusslandschaft des Jahres, war bis zur Säkularisation 800 Jahre lang der Grenzfluss zwischen Bayern im Westen und dem fürstbischöflich-passauischen Land. Das Tal der Ilz prägen tiefe Schluchten, ihr Wasser ist schwarz vom hohen Humussäuregehalt. Die Welt Adalbert Stifters entdecken Sie im Dreiländereck bei Haidmühle. Das Waldgebirge mit dem Plöckenstein in Österreich steigt hier auf fast 1400 m an. Das Dreisesselmassiv selbst ist 1330 m hoch und ragt mit mächtigen Granitblöcken in den Himmel.

Schon der Name Dreiburgenland drückt den ganz speziellen Reichtum dieser lieblichen Landschaft rund um Tittling aus. Eines der »drei Waldschlösser«, wie dieses Burgenland bis zum Ersten Weltkrieg umschrieben wurde, die Engelsburg, ist dabei eine Anlage von besonderem Zauber: ein wenig liliputartig, putzig, idyllisch. Der Adelssitz, heute Hotelpension, wurde seit Mitte des 19. Jhs. zu einer der ersten Sommerfrischen im Bayerischen Wald ausgebaut. Mit Ausstrahlung und Ruhm dieser »Perle« vergleichbar ist das Museumsdorf am Rotthauer See bei Tittling. Als Ensemble historischer ländlicher Bauten ist es mit über 100 Gebäuden vermutlich die größte, bestimmt aber eine der interessantesten Freilichtausstellungen Deutschlands.

In Fürstenstein (und rund um die Stadt Hauzenberg) finden Sie riesige Brüche für den Abbau des bekanntesten Rohstoffs des Bayerwaldes: Granit. Hergestellt wurden vor allem Pflaster- und Randsteine, Monumentalplatten, Quader, Tröge, Säulen und Gesimse.

Als Höhepunkt und krönenden Abschluss belohnt der Weg Reisende mit dem Genuss einer historischen barocken Stadt: Passau.

FREYUNG

[112–113 C–D3] Der Name Freyung (7000 Ew.) verrät die Besiedlungstaktik: Um Ansiedler in den Wald zu locken, gewährte der Landesherr um 1300 zeitweise »Befreyung« vom »Zehent«, die Neubauern zogen »in die Freyung«.

Die »Goldenen Steige« wurden als Erwerbsquelle später von der Holztrift abgelöst. Die vielen Klausen (Stauseen), nach einem Dichterwort die »Augen des Waldes«, erinnern daran. Freyung am Südostrand des Nationalparks, umrahmt von waldbedeckten Höhen, ist längst anerkannter Luftkurort.

Die langen Winter ließen mit Beginn der Tourismuswelle »weißes Gold« schneien. Nun ist die Kreisstadt sowohl die östlichste Stadt Bayerns als auch mit 658 m die höchstgelegene im Bayerischen Wald. Zwar zerstörte 1872 ein Brand den alten Ortskern. Doch ein Rundgang lohnt trotzdem wegen der schönen Bürgerhäuser und Schloss Wolfstein am Stadtrand, das bei der Stadtgründung lediglich hölzerne und irdene Wallanlage war. Über das Gestern und Heute der Stadt informiert auf 667 Seiten das so erlesene wie lesbare Stadtbuch »Freyung. Porträt einer kleinen Stadt am großen Wald«. Auf Grund seiner Lage und der touristischen Infrastruktur ist Freyung ein idealer Ausgangspunkt für Urlaub im Nationalpark. Auf vier Hauptwanderrouten (insgesamt 145 km) können Sie eine herrliche, abwechslungsreiche Landschaft erleben.

SEHENSWERTES

Pfarrkirche Mariä Himmelfahrt

Das alte Gotteshaus fiel dem Brand zum Opfer, die neugotische Himmelfahrtskirche von 1874 bewahrt aber altehrwürdige Votivstücke wie Passionsgemälde, eine Vespergruppe und ein sehenswertes Kruzifix von 1730. *Stadtplatz*

MUSEEN

Schloss Wolfstein

Das mächtige Renaissanceschloss auf einem Felsen nördlich der Stadt ließ Bischof Wolfker von Passau errichten. Das einstige Jagdschloss der Passauer Bischöfe beherbergt ein *Jagd- und Fischereimuseum* und eine Galerie mit Arbeiten heimischer Künstler, die einen guten Überblick über die zeitgenössische Kunst des Bayerischen Waldes gibt. *Wolfkersteig 1, Di–So 10–17 Uhr, www.waidlernet.de*

Wolfsteiner Heimatmuseum

Das »Schramlhaus«, ein um 1700 entstandener Vierseithof, ist das älteste bäuerliche Anwesen Freyungs. Es zeigt eine umfangreiche Sammlung zur Geschichte und Volkskunde der Gegend, u. a. bäuerliches Handwerksgerät, Trachten, sakrale Volkskunst, Hinterglasbilder und Bauernstuben. *Abteistraße 8, Juni–Sept. Di–Fr 14–17, Sa 10–12, Dez.–Juni Di und Do 14–17, Sa 10–12 Uhr*

ESSEN & TRINKEN ÜBERNACHTEN

Danibauer

In dörflichem Idyll bietet die kleine Pension und Gaststätte im Vierseithof eine ursprüngliche Gastlichkeit. Gleich hinterm Haus beginnen die Wanderwege. Spezialität: hausgemachte Kuchen und selbst gebackenes Brot aus dem Steinofen. Idyllischer Biergarten. *8 Zi., Falkenbach 2, Tel. 08551/42 83, Fax 91 00 93, www.danibauer.de, Hotel €, Restaurant €€*

Glaserhof

Urlaub auf dem Bauernhof in einem der schönsten Dörfer. Der große Glaserhof mit Apartments ist familienfreundlich und preisgünstig. *4 Ferienwohnungen (2–6 Pers.), Grainet, 10 km östlich von Freyung, Unterseilberg 6, Tel./Fax 08585/ 000, www.franzlbauer.de, €*

Landgasthaus Schuster

Verfeinerte heimische Küche und gute Weine. Bib Gourmand von Michelin für sorgfältig zubereitete, preiswerte Mahlzeiten unter 28 Euro. *Im Stadtteil Ort, Tel. 08551/*

MARCO POLO Highlights »Unterer Bayerischer Wald«

★ **Keltendorf Gabreta**
Erlebnispark um eine 3000 Jahre alte Siedlung (Seite 57)

★ **Mund & Art Theater**
Volkstheater – und noch mehr: Kultur und Kulinarisches im Theaterstadl in Ringelai (Seite 57)

★ **Buchberger Leite**
Die dramatische Wildbachklamm steht unter Naturschutz (Seite 56)

★ **Dom St. Stephan**
Beherrschendes Bauwerk in Passaus Altstadt (Seite 60)

★ **Museumsdorf**
Ein Freilichtmuseum bei Tittling zeigt bauliche und bäuerliche Traditionen (Seite 69)

★ **Oberhausmuseum**
Interessante Themen, in Passaus Veste Oberhaus glänzend präsentiert (Seite 61)

71 84, *www.landgasthaus-schuster.de*, €€€

FREIZEIT & SPORT

Hallenbäder, Kurangebote. Von Frühjahr bis Herbst interessant: *Tennis*, geführte *Wanderungen* in jeder Gemeinde, *Reiten*. Im Winter *Skischulen, Langlauf, Eisstockschießen, Kunsteishalle, Rodelbahnen*. Richtig Ski fährt man am besten in Mitterfirmiansreut, ein Tipp für Skilangläufer sind die schneesicheren Haidelloipen bei Grainet. *Kutschfahrten* gibts bei *Aloisia Binder, Kreuzberg*, Tel. 08551/22 68

insider Tipp

AM ABEND

Die Stadtverwaltung organisiert eine Vielzahl von Folkloreabenden und Kursen. Junge Leute treffen sich in den Diskotheken *Backs-Flash (Schulgasse 17)* und *Fantasy (Speltenbach 33)* oder in der *Tanzbar Calypso (Am Stausee 5)*.

AUSKUNFT

Touristinformation im Kurhaus, Tel. 08551/588 50, Fax 588 55, *www. freyung.de*

ZIELE IN DER UMGEBUNG

Buchberger Leite [112 C3]

★ Der Rundwanderweg von Freyung aus entlang des Saußbach, dem Reschbach und der Wolfsteiner Ohe endet genau dort, wo die eigentliche Leite beginnt, die romantischste Wildbachklamm im Bayerischen Wald und eines der schönsten Geotope Bayerns mit einer bis 100 m tiefen Talschlucht. Ein in den Fels gesprengter Weg,

teils jedoch marode und gesperrt – man wandert durch Tunnel weiter –, führt in einer Tageswanderung auf der oberen Buchberger Leite zur *Buchbergmühle*, einem ehemaligen Karbidwerk. über Aigenstadl und Falkenbach zurück nach Freyung. Geübte gehen bis Ringelai durch (Rückweg kaum unter drei Stunden). Am Fuß des Naturschutzgebiets liegt der Hotelgasthof *Wolfsteiner Ohe* mit Hallenbad, Sauna, Tennis und Langlaufloipe direkt vorm Haus. *30 Zi., Ringelai, Perlesreuter Straße 5*, Tel. 08555/ 970 00, Fax 82 42, *www.wolfsteiner-ohe.de*, €€

Kreuzberg [112 C3]

Das historische Dorf (früher Gereutsberg = gerodeter Berg) liegt auf dem Weg nach Mauth und thront kreisförmig auf einem Bergkegel. Im Fachjargon ein Radial-Waldhufendorf, die Felder der Bauern ordnen sich in Streifen radial um die Siedlung. Von den Dörfern ausgehend wurde der Berg gerodet. Die Wallfahrt zur hl. Anna gilt als eine der ältesten St.-Anna-Wallfahrten in Deutschland. Strahlenförmig laufen die Wallfahrtswege auf die Kapelle zu. *5 km von Freyung*

Perlesreut [112 B4]

Der Marktflecken wurde bekannt durch seine Schnupftabakmanufakturen. Ein alljährliches Preisschnupfen, das so genannte *Schmalzlerfest*, findet jeweils im Juli statt. Auf dem Volksfest müssen die Wettstreiter in möglichst kurzer Zeit 6 g der Tabakmischung mit Butterschmalz, Kalk und Pflanzensäften wegschnupfen. Der anmutige Ort zwischen Ilz und Ohe soll zur Zeit der Passauer Fürstbischöfe gar Sitz eines Perlenamts zur Überwachung der Perlfischerei in den Berggewässern gewesen sein. Ein schöner Wanderweg führt zur *Ruine Dießenstein* und zur Wildwasserilz. Das *Hafner-Wirtshaus, Tel. 08555/699, €–€€,* bietet hervorragende Küche, hat sich aber unter den Einheimischen schon herumgesprochen. Deshalb sollten Sie es am besten werktags besuchen. *13 km von Freyung*

Insider Tipp

Wolfsteiner Ohe bei Ringelai

Ringelai [112 C3]

Der knapp 2000 Einwohner zählende Erholungsort liegt im Tal der Wolfsteiner Ohe, 8 km von Freyung entfernt. Die geschützte Lage schafft ein mildes Klima. Empfehlenswert die Besichtigung der barocken Pfarrkirche *Patrona Bavariae* und die Wanderung zur *Buchberger Leite* (2,5 Std.). Hier treffen Sie auf zwei echte Highlights der Region: Im Spätsommer 2001 wurde im Weiler Lichtenau der archäologische Erlebnispark ★ *Keltendorf Gabreta* eröffnet. Funde des Landwirts Paul Freund (30 000 Scherben in Jahrzehnten beim Ackern) bewiesen, dass der Nordwald schon früh besiedelt war. Für 2 Mio. Euro wurde unter wissenschaftlicher Leitung aus regionalen Funden verschiedener Epochen ein Ensemble rekonstruiert. *Di–So 9.30–18 Uhr, www.gabreta.de.* Ein weiteres Kulturerlebnis ist die ★ Mund & Art-Bühne, ganzjährig bespielt im Theaterstadel beim *Hotel Groß, 30 Zi., Dorfstraße 22, Tel. 08555/963 60, Fax 17 90, €, www.hotel-gross.de)* Das Theaterprofi-Ehepaar Michael Winter und Gabriele Treiss kämpft seit 1991 gegen die Ver-Steiner-ung des Volkstheaters und lässt sich dabei mit seinem Laienensemble allerhand einfallen. Im Jahr 2000 wurde in Passau eine seit 2004 aber nur noch extensiv bespielte zweite Bühne im Vogl-Stadel eröffnet, in der Kultur und Kulinarisches zusammengehören wie in Ringelai. Beide Häuser bieten ein kontrastreiches und großes Repertoire vom naturalistischen Drama bis hin zum Mundartmusical. *Info und Reservierung Tel. 08583/26 47, www.mund-und-art.de*

Schönberg [112 A–B3]

Attraktiv ist der schöne Marktplatz mit seinen Bürgerhäusern im Inntalbaustil. Panoramablick vom ❇ *Reinsberger Kurpark.* Im Loher Waldgebiet liegt ein 50 t schwerer Granitblock. Wer stark ist wie zehn Pferde, kann ihn zum Wackeln bringen. *25 km von Freyung*

Das Scharfrichterhaus

Das seit 25 Jahren existierende Haus genießt einen bundesweiten Ruf als Kleinkunstschmiede

Anfangs machten die Scharfrichter als Kulturrevoluzzer und Aufmüpfige Schlagzeilen – allerdings nur überregional, weil die heimatliche Monopolzeitung sie jahrelang mit dem Schweigebann belegte. Im Herbst konzentrieren sich die Jazz-, Theater- und Kabaretttermine in den alljährlichen Kabarettwochen (wichtig: frühestmöglich Karten reservieren!), deren Krönung die Verleihung eines Nachwuchspreises in Beilform ist. Was sich aber noch kaum herumgesprochen hat, ist die Weinkarte des Kellerrestaurants mit über 200 Sorten aus Anbaugebieten auf der ganzen Welt, die weit und breit ihresgleichen sucht. Die Weinkultur ist gepaart mit einer frischen, mediterranen Küche mit österreichischen und böhmischen Akzenten. Die Zutaten stammen von Bauernhöfen aus der Umgebung. *Tägl 18–1, werktags auch 12–14 Uhr, Tel. 0851/359 00, www.scharfrichter-haus.de*

PASSAU

[114 C3] Passau ist dank Massenmedien bekannt wie ein bunter Hund – aber wo es genau liegt, weiß nicht jeder. Dabei ist die kreisfreie Stadt, seit 1993 Oberzentrum, mit Öffnung der Ostgrenzen über Nacht zum Nabel von Europas Wirtschaftsleben gerückt – nach Budapest sind es 545 km, nach Wien 280, nach München 180, nach Frankfurt am Main 457 und nach Prag 225 km. Die Stadt, unmittelbar an Österreich grenzend und fast schon in Böhmen, ist mit dem Finger auf der Landkarte aber dank Inn gut zu finden: Wo dieser in die Donau mündet, da ist Passau. Fast gegenüber vereint die Ilz sich mit dem Strom. Das hat dem altehrwürdigen Bischofssitz das Synonym Dreiflüssestadt eingetragen. Romantiker nennen sie wegen des Wasserreichtums und ihrer von italienischem Barock geprägten Architektur gar das Venedig Bayerns.

Ein Weg nach Passau führt über die A 92/A 3: Von Linz und dem Rottal bietet sich die Abfahrt Süd an. Man gelangt über den höchstgelegenen Stadtteil Kohlbruck 149 Höhenmeter hinab durch Zentrum und Altstadt zur Ortsspitze. Am linken Donauufer erhebt sich dort die *Wasserburg Niederhaus* (14./15. Jh.) auf dem Mündungsfelsen der Ilz. Sie ist in Privatbesitz.

Die Abfahrt Mitte ist vor allem für die neuen Dienstleistungsunternehmen wichtig. Man gelangt direkt ins 414 000 m² große Gewerbegebiet Sperrwies mit Großhändlern und dem modernsten Druckzentrum Europas *(Besichtigung Tel. 0851/80 25 79)*. Eine 2000 fertig gestellte Spange garantiert die stauarme Fahrt hinauf zum Gewerbepark Kohlbruck (150 000 m²), in

Inside Tipp

dem neben der größten Automeile Ostbayerns als jüngstes Projekt ein Messe- und Businesscenter mit der Dreiländerhalle, Nachfolgerin der umstrittenen Nibelungenhalle, entstanden ist, und zum Erlebnisbad PEB *(www.swp-passau.de)*.

Nach der mächtigen A 3-Autobahnbrücke führen mit der Franz-Josef-Strauß-, der Schanzl- und der historischen Hängebrücke drei Bauwerke über die Donau. Mit dem Inn verhält es sich deutlich anders. Weit und breit bringt als Nadelöhr nur die Marienbrücke Fahrzeuge ans rechte Inn- bzw. Donauufer und nach Österreich. Erst rund 15 km donauabwärts gibt es außerdem eine Autofähre. Innaufwärts stellt, abgesehen von der Eisenbahnbrücke im Campus, noch der schmale Fünferlsteg sicher, dass Fußgänger und Radler trockenen Fußes in die Innstadt gelangen.

Internationale Wirtschaftsverflechtungen, die Lage an der Rhein-Main-Donau-Wasserstraße und die Studierenden haben das konservative Provinzstädtchen seit den 1980er-Jahren wach geküsst. Heute ist Passau eine multikulturelle Bildungs-, Kultur- und Einkaufsstadt mit moderner Verwaltung und hohem Freizeitwert. Die Blütezeit einer Gegenkultur mit aufmüpfigen Zeitgenossen wie Sigi Zimmerschied, Bruno Jonas und Rudolf Klaffenböck ist allerdings vorbei. Sie begehrten vom Scharfrichterhaus aus gegen die Dreifaltigkeit Kirche, CSU und lokale Monopolzeitung. Das schmälert heute zwar den lokalen Bezug der Kleinkunst im kommerzieller gewordenen Scharfrichter, nicht aber ihre Qualität.

SEHENSWERTES

Am besten schließen Sie sich einer *Stadtführung (April–Okt. Mo–Sa 10.30 und 14.30, So 14.30, Nov–März Sa/So und feiertags 13 Uhr)* an und machen dann noch eine *Dreiflüsserundfahrt mit dem Schiff (Tel. 0851/92 92 92)*.

Die Passauer Altstadt mit Rathaus und Dom St. Stephan

Detailansicht des Passauer Stephansdoms

Dom St. Stephan

⭐ Dominant erhebt sich die Mutterkirche des Wiener Stephansdoms über der Altstadt. Chor, Querhaus und Kuppel sind spätgotisch, das Langhaus jedoch ist der größte barocke Kircheninnenraum nördlich der Alpen. Sie sollten sich ein Konzert auf der größten Kirchenorgel der Welt nicht entgehen lassen. *Mai–Okt. und um Weihnachten Mo–Sa 12, Do auch 19.30 Uhr*

Freudenhain

Das ehemalige fürstbischöfliche Sommerschloss im Stadtteil Hacklberg ließ sich der Passauer Kardinal Josef Graf von Auersperg 1785 nach frühklassizistischer Mode bauen. Die Flügeltrakte umschließen einen kleinen Rokokogarten, rundherum wurde ein Park im englischen Stil angelegt. Heute nutzt der Orden der Englischen Fräulein die Anlage als mathematisch-naturwissenschaftliches Gymnasium.

Hals

Der heutige Stadtteil war früher ein selbstständiger Markt, Herrschaft eines Grafengeschlechts. Die Burg ist längst Ruine, der Marktplatz aber zeigt schöne Bürgerhäuser und eine Kirche mit Pranger. Die romantisch gelegene Vorstadt war früher Endstation der Holztrift aus dem Bayerischen Wald, um die Wende zum 20. Jh. dann Kurort der Wiener Hautevolee. Franz Lehár komponierte hier seine Operette »Wiener Blut«.

Wie auf dem Land fühlen Sie sich beim ==Spaziergang mitten im== **Inside Tipp** ==Stadtgebiet== nach Hals. Fahren Sie mit den Stadtbuslinien 1–4 oder 180 vom Exerzierplatz zur Ilzbrücke direkt unterhalb des Verbindungsgangs der Vesten. Am rechten Ilzufer gelangen Sie nach Hals. Dort ist sehr lohnend ein Spaziergang vom Hofbauerngut (schöner Naturbadestrand) zur Ausflugsgaststätte Triftsperre.

Oberhaus

Die Veste Oberhaus war ab 1219 als (Trutz-)Burg der Fürstbischöfe errichtet worden. 1298, 1367 und 1387 erhoben die Bürger sich gegen den Bischof. Friede kehrte 1443 mit einem Schiedsspruch ein, durch den die Passauer die bischöfliche Oberherrschaft anerkannten. Erst die Säkularisation brachte 1803 ein neues Stadtrecht.

Rathaus

Es ist Zeugnis des langen Kampfs der Bürger gegen den Krummstab. Erstmals 1298 durch Bürgeraufstand ertrotzt, musste es schließlich dreimal gegründet werden. Der Bischof hatte es vom Oberhaus aus mit steinernen Kanonenkugeln beschossen. Hier liegt die älteste deutsche Rechtskunde städtischer Freiheiten, der Turm birgt das größte Glockenspiel Bayerns. Die Kolossalgemälde des Passauer Historienmalers Ferdinand Wagner (1890) zeigen in den Sälen u. a. Kriemhilds Einzug in die Nibelungenstadt. *Schrottgasse, Besichtigung bei Stadtführungen*

Residenz

Im repräsentativen Barockbau am Residenzplatz beeindruckt besonders das Stiegenhaus in verschwenderischem Rokoko. Als Neue Bischöfliche Residenz wurde der Bau 1770 beendet. Die Alte Residenz in der Zengergasse zwischen Residenz- und Domplatz *(Di und Fr Wochenmarkt, 7–12 Uhr)* ist heute Landgericht.

Insider Tipp

Wallfahrtskirche Mariahilf

Vom rechten Innufer grüßt die 1627 erbaute Kirche, Ursprung aller Marienwallfahrten. Was von weitem wie ein vom Inn senkrecht zum Kloster führender Balken aussieht, ist das schützende Dach über der 321-stufigen Wallfahrtsstiege. Phantastischer Panoramablick!

MUSEEN

Diözesanmuseum

Im Stephansdom vorne rechts kommt man zur Schatzkammer der Fürstbischöfe. *Ostern–Okt. Mo–Sa 10–16 Uhr*

Glasmuseum

Das private Museum im Hotel Wilder Mann beherbergt Zigtausend Exponate aus 250 Jahren Glaskunst im Dreiländereck. *Tgl. 13–17 Uhr, www.glasmuseum.de*

Kastell Boiotro (Römermuseum)

Das kleine, aber feine Museum liegt etwas versteckt in der Innstadt. *Di–So 10–12 und 14–16 (Juni–Aug. 13–16) Uhr, Führungen nach Anmeldung, Tel. 0851/39 64 16, www.stadtarchaeologie.de*

Museum Moderner Kunst

Die Stiftung Wörlen zeigt in der Altstadt neben einer eindrucksvollen Sammlung an Bildern und Skulpturen Künstler von Weltrang. *Di–So 10–18 Uhr, www.mmk-passau.de*

Oberhausmuseum

★ Überregional populäre Themenausstellungen, etwa über den Salzhandel (»Weißes Gold«) oder die tausendjährige Beziehung Bayerns zu Ungarn. Porzellansammlung und Zweigstelle der Staatsgalerie. *Mo–Fr 9–17, Sa/So 10–18 Uhr, Dez.–März teilweise geschl., www.oberhausmuseum.de*

ESSEN & TRINKEN

Insider Tipp Grüner Baum

Österreich- und ökoorientierte, teils ausgefallene, aber immer schmackhafte Landhausküche in einer urgemütlichen Wirtsstube mit Schenke und Hinterzimmer. *Höllgasse, Tel 0851/356 35, €–€€*

Stiftsschenke

Hier speisen Sie gediegen in sehenswertem Ambiente. Mit Kellerlokal. *Heiliggeistgasse 4, Tel. 0851/ 26 07, €€*

Insider Tipp Triftsperre

Einfacher und familiärer Gasthof, in den auch die Passauer schon der Mehlspeisen wegen gern gehen. Verträumt am Ilzufer gelegen. *Tel. 0851/511 62, €*

Zi Teresa

Fragen Sie hier doch mal nach Spaghetti carbonara auf italienische Art! *Theresienstraße 26, Tel. 0851/ 21 38, €€*

ÜBERNACHTEN

Holiday Inn

Verkehrsgünstig am Hauptbahnhof. Bahnhofstraße 24, *129 Zi., Tel. 0851/590 00, Fax 590 05 29, €€€*

Jugendherberge

Auf der Veste Oberhaus, 2001 generalsaniert. Oberhaus 125, *Tel. 0851/49 37 80, Fax 493 78 20, jhpassau@dhj-bayern.de*

Rotel-Inn

Deutschlands erstes Kabinenhotel steht in Passau. *Ende April–Sept., 100 Zi., Tel. 0851/951 60, Fax 951 61 00, www.rotel-inn.de, €*

Wilder Mann

Das historisch bedeutsame Haus in der Altstadt, in dem schon Kaiserin Sissi nächtigte, ist eine der gehobeneren Herbergen. *60 Zi., Tel. 0851/ 350 71, Fax 317 12, €€€*

AM ABEND

Selbst die Einheimischen stöhnen schon, weil sich an den meisten Abenden Kunst-, Kultur- und Vortragsveranstaltungen Konkurrenz machen. Tageszeitung und Touristinfo helfen weiter. *Bars, Pubs, Tanzlokale* und *Diskos, fünf Kinos,* das *Stadttheater (Tel. 0851/929 19 13, www.suedostbayerisches-staedtetheater.de)* und ab und an das *Mund & Art-Theater* im Vogl-Stadel sowie abends geöffnete *Fitnesstempel* sind weitere Treffpunkte.

AUSKUNFT

Touristinformation, Rathausplatz 3, Tel. 0851/95 59 80, Fax 572 98, www.passau.de

Seit 2001 gibt es die Passau-Card all-inclusive. *Insider Tipp* Die Chipkarte (z. B. sieben Tage Geltungsdauer ab 25 Euro) gilt als Busticket und Eintrittskarte zu rund 80 Angeboten von Westernstadt bis Thermalbad *(www.passaucard.de)*.

ZIELE IN DER UMGEBUNG

Aldersbach [0] *Insider Tipp*

Die ehemalige Klosterkirche der mittelalterlichen Zisterzienserabtei Aldersbach (1146 gegründet, unweit des tausendjährigen Marktfleckens und Erholungsorts Aidenbach) ist ein niederbayerisches Kleinod. Mit dem 30 Jahre währenden Umbau (1705–34) schufen die

Brüder Asam ein goldstrotzendes Gesamtkunstwerk, eines der bedeutendsten Zeugnisse des bayerischen Frührokoko. Im *Gasthof Mayerhofer* können Sie nach dem Kirchgang niederbayerische Spezialitäten genießen, etwa die Klosterwürstl aus der eigenen Metzgerei. *25 km von Passau*

Bäderdreieck

Bad Füssing **[114 B6]**, Griesbach **[114 A4]** und Birnbach **[0]** haben sich zum goldenen Dreieck der Bäderkultur gemausert, mit einer beispiellosen Aufwärtsentwicklung. Rund 30 km südwestlich von Passau gibt es neben Thermen auch Freizeitanlagen wie Volksgolf und kulinarische Einkehrschmankerl. Der Wellnessboom hat inzwischen die traditionellen Kurangebote rund um die wärmsten und größten Thermen Europas perfektioniert. Und Bad Füssing wird zum Weltbad – seit dem neuen Jahrhundert gibt es mitten im Kurpark ein Spielkasino (Tophit: *Steigenberger Maximilian* in Griesbach).

Fürstenzell [114 B3]

Sehenswert sind das Maristenkloster, das zugleich als Internat dient, und seine Maristenkirche, die auch »Dom des Rottals« genannt wird, mit den Fresken und dem Bibliothekssaal *(Führungen Mitte Feb. bis Mitte Nov. Mo–Sa 15 Uhr). 10 km von Passau*

Ilztal [114 C1–2]

Der Ilztalwanderweg mit Flusslehrpfad führt zwischen Passau und Perlesreut durch eine Erholungslandschaft par excellence, ohne anstrengende Klettertouren, ohne Autolärm. Am besten beginnen Sie die Wanderung am Marktflecken Passau-Hals am linken Ufer der moorigbraunen Ilz (alternativ: Wandereinstieg in Oberilzmühle oder Fischhaus).

Klosterbibliothek in Fürstenzell

Neuburg am Inn [114 C3]
Neuburg am Inn hat ein frisch und aufwändig renoviertes Schloss aus dem 11. Jh., das bis zur Umgestaltung 1525 trutzige Grenzburg war und nun als Veranstaltungszentrum im Landkreis Passau Furore machen soll *(www.schloss-neuburg. de)*. Exquisit: die Küche der angrenzenden *Hoftaferne, Tel. 08507/91 10 00, €€€. 10 km von Passau*

Insider Tipp

Obernzell [115 E2]
In der früheren Hafnereimetropole hilft nicht nur eine Autofähre über die Donau, es sich lohnt auch der Besuch des renovierten seltenen Holzbahnhofs und des fürstbischöflichen *Wasserschlosses* mit *Keramikmuseum (Apr.–Nov. Di–So 10 bis 17 Uhr)*. Von dort bietet sich die einstündige Wanderung donauabwärts nach *Jochenstein* an – und ein Abstecher donauaufwärts nach *Thyrnau*, einem Mekka der Handstickerei mit Gold- und Silberfäden, etwa im Kloster oder bei Elfriede Böhmisch. Von dort ist es über Kellberg nur noch ein Katzensprung

nach Karpfham zu den *Hofbauer Stub'n* mit köstlicher, preiswerter Landküche, *Tel. 08501/325, €–€€. 15 km von Passau*

Insider Tipp

Ortenburg [114 A2–3]
Der Markt ist eine historische Besonderheit, er überlebte als evangelische Enklave im strengen Katholikenland. Rundherum heute keine Feinde, sondern Ausflugsziele: der *Vogelpark* in Irgenöd mit 2000 Vögeln aus aller Welt, *April–Nov. tgl. 9–19 Uhr; www.vp-irgenoed.de;* das *Aquarium* in Jaging hat eine Krokodilhalle mit Unterwasseransicht. Das Tierfreigelände bei Ortenburg ist der größte Vogelpark Ostbayerns. In idyllischer Landschaft zeigt er über 200 Vogelarten. Im Wildpark um das Schloss Ortenburg sehen Sie Mufflons, ostasiatische Sikahirsche sowie Dam- und Rotwild. *15 km von Passau*

Rannasee [115 F2]
Der See südlich von Wegscheid ist der größte Badesee weit und breit, mit Abenteuerspielplatz, Jugendzeltdorf *(Auskunft: www.kjr-pas*

Hochkultur in Niederbayern

Untergegangene Zeugen einer eingefriedeten Stadt

Vor rund 4800 Jahren existierte in der niederbayerischen Donauebene die älteste Monumentalarchitektur der Welt. Ihre Spuren liegen metertief unter der Erdoberfläche in der Gegend bei Osterhofen, etwa so groß wie München im 14. Jh. Es sind riesige, kreisförmige Erdwälle mit Toröffnungen, komplizierte geometrische Formen, die vermutlich astronomischen Berechnungen dienten. Womöglich ist es der älteste Kalender der Welt – eine Hochkultur, 2000 Jahre älter als das rätselhafte Stonehenge in England, ein kniffliger Fall für die Wissenschaft.

sau.de), Angeln, Kneipp- und Kinderbecken, Tretbootverleih, 120-m-Wasserrutsche und Seewanderweg. *30 km von Passau*

Sammarei [0]

Der zwischen Ortenburg und Aidenbach gelegene Ort hält eine wunderschöne *Wallfahrtskirche (Führungen nach Anmeldung im Pfarramt, Tel. 08535/261)* parat. Unter den Flügeln des Hochaltars geht es zur hölzernen Gnadenkapelle (Anfang 16. Jh.) mit Votivtafeln aus vier Jahrhunderten. Betrachten Sie das Kircheninnere beim Hochaltar genau: Dort entdecken Sie einen besonders frechen Engel, der nur einen Schuh anhat und Ihnen den Vogel zeigt. *20 km von Passau, www.wallfahrtsland-sammarei.de*

Untergriesbach [115 E2]

Ein typischer Marktflecken 15 km östlich von Passau, im Kern wenig verschandelt. Die Bürgerhäuser geben einen Eindruck vom Wohlstand der ehedem fürstbischöflich-passauischen Niederlassung. Die Untergriesbacher gelten als besonders eingeschworene Gemeinde. Eines der letzten originalen Bauernwirtshäuser ist das *Gasthaus Lanz, Tel.08539/235, €,* am Marktplatz. Neu in Jochenstein am Donauradweg Passau–Linz–Wien ist das Umwelterlebniszentrum *Haus am Strom, tgl. 9–17 Uhr,* in dem es um das Element Wasser geht *(www.hausamstrom.de).* Folgen Sie knapp zehn Minuten dem Radweg donauabwärts, erreichen Sie vis-a-vis der Schleuse Jochenstein einen kleinen Gasthof mit Biergarten und Übernachtungsgelegenheit, dessen ausgezeichnete Fischgerichte Sie probieren sollten: *Kornexl,* Tel. *08591/16 63, €.*

WALDKIRCHEN

[113 D4–5] Waldkirchen (10 500 Ew.) entstand vor 1200 als Wirts- und Schutzstation mitten im Wald, günstig gelegen auf halber Strecke am Hauptweg des Goldenen Steigs zwischen Passau und der böhmischen Grenze. Der historische Stadtkern (durch amerikanisches Bombardement 1945 beschädigt) ist zum Teil mit einer alten Wehrmauer umgeben. Traditionelles Markttreiben ist einer Anzahl historischer Aufzüge *(Marktrichterfest, Dreschersuppn)* und einer modernen Geschäftigkeit gewichen. Der prosperierende Ort bietet touristische Angebote vom Freizeitbad Mediterraneum bis zur Golfanlage.

SEHENSWERTES

Emerenz-Meier-Haus

Die für ihre Zeit progressive Heimatdichterin beschwor die Not, aber auch die Schönheit des Waldes. 1906 wanderte sie mit den Eltern nach Chicago aus. Ihr Geburtshaus steht in Schiefweg bei Waldkirchen.

Ewiger Hochzeiter

Er wollte einfach nicht heiraten, der Hans – so geht die Legende. Also ließen ihn die Burschen als Sinnbild des ewigen Hochzeiters in Stein meißeln. Die Figur wurde als schützender Radabweiser an einem Hauseck am Marktplatz angebracht und wird seither regelmäßig neu bemalt. Nach gut 100 Jahren Wartezeit bekam das Wahrzeichen am

Auf dem Waldkirchener Marktplatz wurde früher Vieh aufgetrieben

gegenüberliegenden Hauseck eine Braut.

St. Peter und Paul

Das granitene, neugotische Kirchenschiff mit 67 m hohem Spitzturm ist das größte im Bayerischen Wald. Wegen ihrer Größe wird die Kirche auch »Dom des Bayerischen Waldes« genannt. 1862 wieder erbaut, zeigt sie heute Arbeiten zeitgenössischer Künstler.

MUSEUM

Goldener Steig

Das Museum ist in einem Wehrturm der Ringmauer untergebracht. Gezeigt werden Handwerk und Gewerbe, bürgerliches Leben und Volksfrömmigkeit. *Büchl 22, Mai bis Nov. und 25. Dez.–10. Jan. tgl. 14–16 Uhr*

ESSEN & TRINKEN ÜBERNACHTEN

Gottinger Keller

Panoramarestaurant mit Biergarten und dem Spezialitätenlokal »Die Kartoffel«. *55 Zi., Hauzenberger Straße 10, Tel. 08581/98 20, Fax 98 24 44, www.hotel-gottinger.de, €€*

Gut Riedelsbach

Inside Tipp

Der Brauereigasthof mit Pension, Ferienapartments, Doppelkegelbahn und einem Brauereimuseum mit 2700 Maßkrügen feierte 2001 sein hundertjähriges Bestehen in Neureichenau. *31 Zi., Tel. 08583/960 40, €, www.gut-riedelsbach.de*

Landgasthaus Emerenz Meier

Inside Tipp

Von Gourmets empfohlen (Bib Gourmand von Michelin für sorgfältig zubereitete, preiswerte Mahlzeiten unter 28 Euro), *Schiefweg, Dorfplatz 9, Tel. 08581/98 91 90*, €€€

Lamperstorfer

Traditionelles, gediegenes Haus mit Café am Marktplatz, seit 1890 im Familienbesitz. Besonderheit: Ritteressen. *22 Zi., Marktplatz 19, Tel. 08581/10 00, Fax 38 98, www. lamperstorfer.de*, €

Familien- & Sporthotel Reutmühle

Ferienanlage mit Hotelkomplex und Apartmenthäusern, Tennis- und Golfanlage. Im Winter beginnen die Loipen vor der Haustür; Abfahrtski in Frauenwald. *195 Zi., Frauenwaldstraße 7, Tel. 08581/ 20 30, Fax 20 31 70*, €€

Vier Jahreszeiten

Nicht verwandt mit der Weltklassekette, aber auch nicht ohne. Das familienfreundliche Haus liegt ruhig und günstig am Badepark Karoli, mit Durchgang zur Badeanlage (Frei- und Hallenbad mit 160 m langer Rutsche). *145 Zi., Hauzenberger Straße 48, Tel. 08581/20 50, Fax 20 54 44, www.4jz.de*, €€

EINKAUFEN

Überregional bekannt ist das Modehaus Garhammer am Marktplatz 28 *(www.garhammer.de)*. Das liegt weniger an der durchaus großen Auswahl oder den Preisen, sondern am ausgezeichneten Service.

FREIZEIT & SPORT

Für den *Golfplatz Reutmühle* ist Mitgliedschaft nicht erforderlich.

Am Hausberg Karoli wurde ein mediterraner *Badepark* gebaut, *Windsurfing* am Stausee Erlauzwiesel ist erlaubt. Und natürlich gibts *Tennis, Reit- und Skischulen*, einen *Eissportplatz* und eine *Skipiste*.

AUSKUNFT

Tourismusbüro, Ringmauerstraße 14, Tel. 08581/202 50, Fax 40 90, www.waldkirchen.de

ZIELE IN DER UMGEBUNG

Breitenberg [113 E–F5]

Der 21 km von Waldkirchen entfernte Ort (2000 Ew., *www.breiten berg.de*) ist, obwohl Mittelpunkt der »Neuen Welt« zwischen Wegscheid und Dreisessel, nicht überlaufen. Seit 2002 ist er mit seiner Sprungschanze in ein Wintersportzentrum integriert, zusammen mit Schwarzenberg und dem österreichischen Hochficht als den alpinen und Sonnen und Wegscheid als den nordischen Elementen. Den Ort überragt die barocke *Pfarrkirche*, 1720–27 erbaut und 1832–34 erweitert. Das *Webereimuseum, Mai–Sept. tgl. 14–16, April und Okt. Mi, Sa und So 14–16.30 Uhr*; in einem alten Bauernhaus dokumentiert mit Webstühlen und Spinnrädern eine früher typische Einnahmequelle. Lebendige Webertradition bewahrt die *Handweberei Moser* mit ihren 14 zum Teil historischen Webstühlen für das Wegscheider Leinen *(Werkstattbesuch möglich, Tel. 08592/695, www.handweberei-moser.de)*. Am Michelbach lohnt der Besuch der 200 Jahre alten *Hammerschmiede*. Sie ist ein Denkmal aus der vorindustriellen Zeit, seit 1768 in Betrieb. Oder: Betätigen Sie sich doch einmal als Grenzgänger und kosten Sie Mühlviertler Spezialitäten wie Kaiserschmarrn oder Gulasch im *Gasthaus Greiner* in Kohlstatt, Tel. 0043/72 88 82 02, €€

Insider Tipp

Dreiburgenland [112 A–B 4–5]
Englburg, heute von Englischen Fräulein als Pension geführt, westlich davon Fürstenstein, bis 2002 Bubeninternat (Leitung: Englische Fräulein) und Saldenburg, heute Jugendherberge, prägen die Landschaft und sind alle vom Tittlinger Blümersberg aus zu sehen. Die riesige Madonna dort hat Schrott-Künstler Karl Mader 2001 als Beschützerin des Dreiburgenlands im Rahmen eines landkreisweiten Kunstprojekts aufgestellt. *25 km von Waldkirchen*

Insider Tipp

Dreisesselberg [113 F3–4]
In der Ecke um Haidmühle fließen die Wasser nicht zur Donau, wie sonst am Bergkamm, sondern nach Norden, mit der Kalten Moldau zur Nordsee. Der 1330 m hohe Dreisesselberg (leichter Aufstieg vom Parkplatz in 20 Minuten) ist ein bizarres Massiv aus Granit. Den Namen hat es von den sesselartigen Steintürmen aus eiszeitlicher Verwitterung. Nach der Legende nahmen dort einst die Herrscher von Böhmen, Österreich und Bayern Platz, um ihre Ländergrenzen zu regeln. Noch bis vor 200 Jahren war das Gebiet Urwald, danach ein Eldorado für Schmuggler und Wilddiebe. *25 km von Waldkirchen*

Fürsteneck [112 C5]
Zwischen Tittling und Waldkirchen, 15 km von Waldkirchen entfernt, thront diese zum fürstbischöf-lichen Jagdschloss umgebaute Burg (12. Jh.) hoch droben über der Ilz. Sie ist heute Privateigentum. Doch der Aufstieg lohnt schon wegen der bodenständigen *Schlossgaststätte* mit großen Portionen zu kleinen Preisen, mit Pension, *10 Zi., Tel./ Fax 08505/14 73, www.schloss-fuersteneck.de, €*.

Insider Tipp

Haidmühle [113 E–F3]
Die Gründung einer Mühle mit Eisenhammerwerk an der Kalten Moldau um 1770 war der Grundstein für den Erholungsort (830 m, 2000 Ew.) am Fuß des Dreisesselbergs, 25 km von Waldkirchen entfernt – eine traumhafte Wanderlandschaft mit weichen Tälern, die föhnfrei und schneesicher sind. Heute gibt es mit der Grenzöffnung nach Tschechien Ausflugsmöglichkeiten und Langlaufloipen in unbesiedelte Böhmerwaldlandschaften. Ein ganz besonderes Erlebnis: Dampflokfahrt zum Moldau-Stausee. Übernachten können Sie im Hotel *Auersperg* am Waldrand, ringsum Stille und Natur. Spezialität der Küche: Schweinsbackerl. *15 Zi., Auersbergsreut, Tel. 08556/ 960 60, Fax 960 69, €€*

Insider Tipp

Hauzenberg [113 D6]
Dass die 12 km südöstlich von Waldkirchen liegende Kleinstadt (12 500 Ew.) wohlhabend ist, sieht man an den reich verzierten Bürgerhäusern am Marktplatz. Das Landgasthaus Gidibauer-Hof, ein Vierseithof aus dem Jahr 1747, ist schon wegen seiner exquisiten Küche (Spitze: das »Überraschungs-Menue«) einen Ausflug wert. Sie können dort aber auch sehr romantisch übernachten *(13 Zi., Tel. 08586/964 40, Fax 96 44 44,*

www.gidibauer.de). In den Steinbrüchen des Umlands wird der berühmte blaue Granit abgebaut. König Ludwig I. bestellte für seine Befreiungshalle bei Kelheim eine 40 t schwere »Säule des Königs«. Der Block steht heute im Hof der Hauptschule, weil er nicht transportiert werden konnte.

Sehenswert ist auch die *Stadtpfarrkirche* mit dem Freudenseer Flügelaltar aus dem späten 15. Jh. Im Ortsteil Kropfmühl wird, einmalig in Westeuropa, unter Tage Grafit abgebaut. Lohnend ist ein Ausflug auf den 830 m hohen  Lichtenauer mit einem Aussichtsturm von 1927/28, der, heute Privateigentum, im Jahr 2000 gründlich renoviert wurde. Er erhebt sich mit fünf Stockwerken aus dem *Berggasthof Oberlichtenau (Ostern bis Nov. 10–18 Uhr, Tel. 08586/14 03, €)*. Wirtin Berta Stephan öffnet aber auch Wanderern das 114-stufige Treppenhaus zur Aussichtsplattform. Bei gutem Wetter schauen Sie von dort auf Dachstein und Watzmann.

Museumsdorf [112 B5]

★ Die beeindruckende Ausstellung bei Tittling, 25 km von Waldkirchen entfernt, zeigt in der Anlage eines Dorfs Waldlerhäuser und Gehöfte und über 140 Einzelobjekte wie Mühlen, Sägen, Handwerksbetriebe – und die älteste Volksschule Deutschlands von 1670. Einkehrmöglichkeit im originalen *Wirtshaus Mühlhiasl* mit Tenne, *Tel. 08504/83 34, €–€€. 3 km nordwestlich von Tittling am Dreiburgensee, April–Nov. tgl. 9–17 Uhr, sonst Eintritt über Automat möglich.* Im Winter lässt es sich im Museumsdorf spazieren – Häuser, Ausstellung, Gasthaus und Museumsladen sind dann geschlossen, Museumsführungen gibt es nur nach Anmeldung, *Tel. 08504/404 61, www.museumsdorf.de.*

Wie lebte man früher im Wald? Das Museumsdorf bei Tittling zeigt es

Das grüne Dach Europas

Hier können Sie miterleben, wie die Natur sich ehemaligen Wirtschaftswald zurückerobert – und nahezu grenzenlos wandern

Dem Braunbär, dem gefällt es hier

Der 1997 auf knapp 243 km² erweiterte Nationalpark Bayerischer Wald gilt als der erste und bekannteste Deutschlands. Im Sommer steht Besuchern zwischen Finsterau und Bayerisch-Eisenstein ein Netz von 320 km Wanderwegen, im Winter von 170 km Langlaufloipen offen. Der Fall des Eisernen Vorhangs ließ die Wanderfreiheit nahezu grenzenlos werden. 1991 erklärten die böhmischen Nachbarn das fast dreimal so große Gebiet entlang der Staatsgrenzen zu Deutschland und Österreich von Böhmisch-Eisenstein (Železná Ruda) bis Glöckelberg (Zvonková) am Lipno-Stausee per Verordnung zum Nationalpark Šumava. Mit einer Fläche von 690 km² ist er der größte Nationalpark Mitteleuropas. Bereits 1990 stellte die Unesco die gesamte Waldfläche beider Parks als »grünes Dach Europas« unter Schutz. Im grenzüberschreitenden Wanderareal »Natur und Geschichte erleben« werden beide Nationalparks vorgestellt. Jenseits der Grenze gelten andere Statuten, die eher denen für deutsche Naturparks ähneln. Die tschechische Kernzone ist deutlich kleiner als die im Bayerischen Wald. Dafür werden auf diesem noch relativ unbekannten Terrain Entdeckergefühle geweckt. Hier warten stille Moore mit schwarzen Seen. Auf Wanderungen durch die wilden Wälder und zum Teil verlassenen Dörfer erreicht man Hochebenen, die phantastische Rundblicke weit ins Nachbarland hinein erlauben. Gerade der wilde Oberlauf der Moldau (Vltava), die hier entspringt, soll den Ostböhmen Bedřich Smetana zur Komposition seiner sinfonischen Dichtung »Die Moldau« inspiriert haben. Auf dem 1382 m hohen Boubin sind die ältesten Baumriesen des Böhmerwalds zu finden.

Doch genauso wenig, wie sich ein köstliches Essen oder sanft perlende Musik wirklich beschreiben

Rachelkapelle bei Spiegelau

Farbtupfer im Waldesgrün: Spaziergänger im Nationalpark

lassen, weil man das eine kosten, das andere hören muss, sperren sich beide Nationalparks gegen sprödes Erzählen. Um diesen stillen und dabei doch so lebendigen Urwald in all seiner Kraft, Schönheit und Vielfalt zu erfassen, sollten Sie mindestens einen Tag dort verbracht haben.

Auf bayerischer Seite begann alles 1970, als die Regierung des Freistaats die als Wirtschaftswald genutzte Region um Rachel und Lusen zum Nationalpark erklärte. Bis heute, gut drei Jahrzehnte später, sorgt die sich selbst überlassene Natur nun für Überraschungen. Denn wie sich der Forst, wie sich alle Lebewesen fast ohne menschliche Einmischung entwickeln würden auf dieser Insel mitten im dicht besiedelten Europa, verfolgten auch die studierten Verantwortlichen mit Spannung und Staunen. Weniger begeistert waren und sind viele Anrainer. Sie stört nicht nur das unübersichtliche und teils unwegsame Durcheinander in diesem Hochwald, den sich die Natur mit allem Werden und Vergehen weiterhin zurückerobert. Sie bleiben auch dabei, dass man ihn an den Borkenkäfer verschwendet habe.

Diese Ansicht lässt sich in der Lusenregion sogar trefflich bebildern. Doch nur mit oberflächlichen Aufnahmen, die die silbergrauen, befremdlichen Fichtenskelette als Folge von Borkenkäferfraß und saurem Regen zeigen. Denn die Naturverjüngung hat längst eingesetzt. Der deutlich abnehmende Käferbefall lag 2001 nur noch bei 0,2 Festmetern pro Hektar – im Jahr davor war er noch doppelt so hoch. Wer die Himmelsleiter zum 1373 m hohen ★ Lusengipfel erklimmt, nimmt die toten Bäume durchaus wahr. Auf Augenhöhe ist er jedoch von einer vielfältigen und starken Pflanzenwelt umgeben. Deshalb sind Ausflüge in diese konzentrierte

Mischung aus bizarrem Totholz und zum Licht drängender Bäumchen weniger deprimierend als vielmehr faszinierend. Seit 2004 kann der Jungwald, in dem Fichten (85 Prozent) und Vogelbeeren (12 Prozent) dominieren, von niemandem mehr übersehen werden.

Überhaupt ist der schon von weitem schmutzig gelb leuchtende Lusen etwas Besonderes. Die am Gipfel aufgehäuften Granitblöcke sind von gelber Schwefelflechte überzogen und wirken, als hätten die Kinder von Riesen ihre Legokiste ausgekippt. Die Einheimischen sagen, jeder Stein stehe für eine Ehe im Bayerwald und sei von einem Ehemann hinaufgetragen worden, der sein Weib wieder los werden wollte. Andere sind davon überzeugt, dass der Teufel hier eine Unheil bringende Last auf die Erde kippte. Tatsache ist, dass der steinerne Gipfel die letzte Eiszeit überragte. Das Massiv wurde durch die Bewegung der Gletscher und deren Schmelze in Tausende Granitblöcke zersprengt.

Als Tor zum Nationalpark gilt die Säumerstadt Grafenau. Den im 11. Jh. gegründeten Ort, der früher vom Salzhandel lebte, hat auch die *Nationalparkverwaltung, Freyunger Straße 2, Tel. 08552/960 00,* als Sitz gewählt. Rundgänge und Wanderungen sind dank der gasbetriebenen Igelbusse im Nationalpark und seiner Umgebung auch ohne Auto gut möglich. Zwischen 15. Mai und 31. Oktober sind alle Stichstraßen für den Individualverkehr gesperrt – da bleibt oft eh nur der Umstieg auf den Igelbus (Fahrpläne gibt es im Hans-Eisenmann-Haus). Als wichtige Busstation ge-

MARCO POLO Highlights
»Nationalpark Bayerischer Wald«

★ **Freilichtmuseum Finsterau**
Das ehemals harte und entbehrungsreiche Leben der Waidler (Seite 76)

★ **Arber**
Der König des Bayerischen Waldes (Seite 79)

★ **Waldmuseum Zwiesel**
Originellstes Provinzmuseum in Deutschland (Seite 79)

★ **Reschbachklause**
Der Stausee bei Finsterau liegt am waldgeschichtlichen Wanderpfad (Seite 77)

★ **Frauenau**
Die bekanntesten Glashütten und die schönste Rokokokirche (Seite 76)

★ **Lusengipfel**
Zwischen toten Bäumen wächst der Jungwald heran (Seite 72)

★ **Hans-Eisenmann-Haus**
Was Sie schon immer über den Nationalpark wissen wollten, erfahren Sie hier (Seite 76)

sellt sich das Dörfchen Klingenbrunn zu weiteren Ausgangsorten wie Neuschönau und Zwiesel.

Wer jemals einen Bildband oder Kalender über den Bayerischen Wald durchblätterte, kennt ihn bestimmt, den einzigen echten See der Region: Es ist der malerische Rachelsee mit seiner hölzernen Kapelle. Wie ein anderes beliebtes Fotomotiv, der Kleine Arbersee mit seinen schwimmenden Grasinseln, sind alle anderen Seen aufgestaut.

Unvergessen wird Ihnen die *Insider Tipp* Zweitagestour auf dem *Horizontalsteig* bleiben. Vom Ausgangspunkt Lusenparkplatz geht es in gut sechs Stunden zum Oberen Horizontalsteig (Richtung Blaue Säulen) über Rachelsee und Rachel zum Übernachten ins Waldschmidthaus. Für den Rückweg bietet sich der Untere Horizontalsteig an.

Der erweiterte Nationalpark umfasst seit 1997 auch den 1312 m hohen Großen Falkenstein

und die Schachten, die ehemaligen Stierweiden, rund um den Berg, zu dem man am besten von Zwieslerwaldhaus aufsteigt. Wenn Sie dort eine Bachschlucht sehen und sich mitten im tiefsten Urwald wähnen, haben Sie das *Höllbachgspreng* gefunden. Gspreng bedeutet Wildnis aus Felsen, Baumriesen und Pflanzen. Die wilde Kraft des hier zu Tal rauschenden und teils über glatt geschliffene Felsen hinabstürzenden Höllbachs nutzten früher die Waldarbeiter, um geschlagene Bäume abzutransportieren.

GRAFENAU

[112 B2–3] Stadtbrände haben der mittelalterlichen Handelsniederlassung am Goldenen Steig früh ihr Gesicht genommen. Am blitzblank herausgeputzten Stadtplatz stehen *Bürgerhäuser im Inntalstil.* Grafenau (9000 Ew.) ist eine Gründung

Besinnliche Rast am Kleinen Arbersee

der Grafen von Vornbach am Inn. Dem früheren Salzhandel verdankt der Ort Stadtrecht (seit 1376, durch Kaiser Karl VI.) und Wohlstand. Heutigen Unterhaltungsbedürfnissen entspricht das in den letzten Jahren etablierte *Grafenauer Salzsäumerfest* in historischen Aufzügen im August. *Bauernmarkt,* auf dem z. B. mild geräucherter Schinken und Schnupftabak angeboten wird, ist samstags.

SEHENSWERTES

Pfarrkirche Mariä Himmelfahrt

Die Kirche mit Doppelzwiebelturm war ursprünglich gotisch, nach dem Stadtbrand wurde sie barock wieder aufgebaut, der Hochaltar ist von 1730. Hinter der Kirche stehen Reste der ehemaligen Stadtbefestigung und die *Spitalkirche* (1760) mit einem Rokokoaltar.

MUSEEN

Grafenau, Bauernmöbelmuseum

Bauernmöbelmuseum

Das Museum zeigt die Vielfalt ländlich-bürgerlicher Wohnkultur aus vier Jahrhunderten. *Parkweg 6, tgl. 14–17 Uhr, Nov.–Mitte Dez. geschl.*

Schnupftabak- und Stadtmuseum

Sehenswerte Sammlung im ehemaligen Bürgerspital. *Spitalstraße 4, tgl. 14–17 Uhr, Nov.–Mitte Dez. geschl.*

ESSEN & TRINKEN ÜBERNACHTEN

Kutschenwirt

Unter »Landgasthof« firmiert das Haus im 50 Gehminuten von Grafenau entfernten Oberhüttensöl-

den, hält aber auch Apartments bereit. Hier sind Familien mit Kindern schon wegen der Pferde beim Nachbarn für Reitsport und Kutschfahrten gut aufgehoben. *8 Apartments, Tel. 08554/28 50, Fax 28 51, www.landgasthof-kutschen wirt.de,* €

Säumerhof

Sehr bekannt für seine gute Traditionsküche (Bib Gourmand von Michelin). Auch zwölf Zimmer. *Tel. 08552/40 89 90, Fax 408 99 50, www.saeumerhof.de,* €€

FREIZEIT & SPORT

Die Stadt hält ein 2001 generalsaniertes *Wellenfreibad* mit Erlebnisrutsche und Beachvolleyball bereit *(Mitte Mai–Mitte Sept. 9–19, an Regentagen 16–19 Uhr)*. Wer aus Freyung nach Grafenau kommt, stößt auf eine ehemalige *Sommerrodelbahn*, seit 2001 eine Allwetter-Bobbahn, die auch im Winter und bei Regen befahrbar ist *(März–Anfang Nov. 10–18, Nebensaison 12–17, im Winter je nach Schneelage 11–16 Uhr, Tel. 08552/ 21 01)*.

ZIELE IN DER UMGEBUNG

Felswanderzone   [112 C2]
Auf vielen Rundwegen kann man immer wieder kraxeln, schöne Aussichten genießen und in dem urwaldartigen Gebiet bizarre Felsbildungen bewundern. *Ausgangspunkt ist der gekennzeichnete Parkplatz an der Straße Neuschönau–Mauth, Abzweigung Nationalparkhaus. 10 km von Grafenau*

Frauenau   [112 A1]
★ Im »Gläsernen Herzen des Bayerischen Waldes« liegen die bekanntesten der Bayerwald-Glashütten. Die eine ist die älteste Glasfabrik der Welt, seit 1568 im Besitz des einflussreichen Hüttenherrengeschlechts derer von Poschinger *(Fabrikbesichtigung mit Film Mo bis Fr 9–15 Uhr)*. Die andere ist die des modernen Glaskünstlers Erwin Eisch. Unter dem Motto »Poesie in Glas« werden in seinem Betrieb wertvolle Einzelstücke gefertigt. Frauenau ist immer wieder Treffpunkt internationaler Glassymposien. Einzelne Geschäfte bieten ausschließlich qualitätvolles Studioglas an. Ein *Glasmuseum* zeigt die Entwicklung der Glasproduktion. Die langjährige Wohlha-

benheit des Orts demonstriert die prächtig ausgestattete *Pfarrkirche*. Im Winter gibt es in Frauenau in den »Raunächten« maskierte Perchten, im Sommer Hüttenfeste en masse. Der Trinkwasserspeicher am Kleinen Regen nordöstlich von Frauenau wurde 1989 in Betrieb genommen, um die durch hohen Verbrauch gefährdete Wasserversorgung der Region zu sichern. Er war bis dahin mit 83 m (bei 640 m Länge) der höchste Damm in Deutschland. Das Speichervermögen beträgt 20 Mio. m^3. *22 km von Grafenau*

Freilichtmuseum
Finsterau   [112 C1]
★ Den Alltag der Kleinhäusler und Großbauern können Sie in diesem Museumsdorf 28 km von Grafenau ebenso nachempfinden, wie Sie Handwerkern beim Fertigen von Holzschuhen zusehen können. Unverwechselbare Mitbringsel bietet die *Kräuterei,* ein Laden, in dem sowohl Salat- wie Massageöl, Liköre, Duftsäckchen, Aufstriche, Kräutertees und mehr angeboten werden – alles selbst gemacht. Dort gibt es auch ein *Wirtshaus. 25. Dez.–April 11–16, Mai–Sept. 9–18, Okt. 9–16 Uhr, www.freilichtmuseum.de*

Insider Tipp

Hans-Eisenmann-Haus   [112 C2]
★ Nicht nur an Regentagen ist das Infozentrum in Neuschönau, 10 km von Grafenau entfernt, einen Besuch wert: Hier sind Dauerausstellungen zu Naturthemen, ein Raum für Tast- und Anfasserlebnisse, Multimediashows und eine Bibliothek unter einem Dach konzentriert. Immer geht es um Geschichte und Philosophie des Nationalparks und um Wald. Vom Ei-

senmann-Haus aus bietet sich der Start auf die Rundwege ins Tierfreigelände oder das Pflanzenfreigelände an. *Böhmstraße 35, tgl. 9–17 Uhr, Nov. bis 24. Dez. geschl., www.nationalpark-bayerischerwald.de*

Klausen

Diese damals zur Holztrift angelegten Stauseen wurden teilweise restauriert. Die größte und schönste Klause, die 80 000 m² große ★ *Reschbachklause* (1127 m, [112 C1]), liegt im waldgeschichtlichen Wandergebiet bei Finsterau. Weitere Klausen: *Martinsklause* (974 m, [112 B1]) bei Waldhäuser; *Sagwasserklause* [112 C1] am Lusen; *Steinbachklause* [113 D2] bei Mauth

Lehrpfade

Durch den *Urwald* führt ein Lehrpfad am Rachelsee [112 B1] in Richtung Kapelle, *Spuren der Eiszeit* entdecken Sie auf einem Pfad zwischen Racheldiensthütte und See [112 B1]. *Botanische und geologische Ausstellungen* sind am Freigelände am Nationalparkhaus [112 C2] bei Neuschönau anzuschauen. Einen *Waldlehrpfad* gibt es bei Neuschönau [112 C2] und bei Finsterau [113 D1]; ein *Bergbach-Lehrpfad* führt von der Fredenbrücke (1 km unterhalb Waldhäuser, [112 B2]) an der Kleinen Ohe entlang bis zur Martinsklause [112 B1], einem schönen Stausee.

Mauth   [113 D2]

Reschbach- und Saußbachtal sind die Klammer für den staatlich anerkannten Erholungsort inmitten tiefer Wälder. Mauth war eine Mautstätte am Salzhandelsweg zwischen Bayern und Böhmen, das Mauthaus aus dem 17. Jh. ist noch erhalten. *23 km von Grafenau*

Philippsreut/ Leopoldsreut   [113 E2]

Inside Tipp

Nach der Grenzöffnung wurde der 980 m hoch gelegene Ort vom Durchgangsverkehr regelrecht überrollt. Es dauerte ein Jahrzehnt, bis eine neue Umgehung zur Abhilfe war. Die Fahrt auf der Landstraße entlang der Grenze über Bischofsreut nach Haidmühle ist fast schon ein Naturerlebnis. Sehenswert ist das nahe gelegene verlassene Dorf Leopoldsreut mit Kirche und Schule. Im Gemeindegebiet liegt das Wintersportzentrum *Mitterfirmiansreut* (»Mitterdorf«) am Fuß des Almbergs (1139 m) mit unterschiedlichen Abfahrtspisten. Schöne Wanderung (2,5 Std.) über den Weiler Alpe nach Mauth. *31 km von Grafenau*

St. Oswald-Riedlhütte   [112 B2]

Ein Kloster der Paulaner von 1396, später umgewandelt in eine Benediktinerpropstei, begründete den Ort. Barocke Sakralkunst bergen die *Pfarrkirche St. Oswald* und die *Bründlkapelle* (um 1700), ein waldgeschichtliches *Museum (Klosterallee 4)* zeigt altes Handwerk; hier kann man sich auch in der Kunst des Glasblasens versuchen. Ein restauriertes Bauernhaus mitten unter alten Obstbäumen mit einem Teich ist der Landferienhof *Grashöfle, 10 Zi., Tel. 08552/692, Fax 917 92, www.grashoefle-ferien.de, €€*. Im Ortsteil Riedlhütte kann man in der 400 Jahre alten Glashütte von einer Tribüne aus Glasbläser bei der Arbeit beobachten. *Guglöd, 75 Gehminuten nördlich, war ehedem ei-*

ne Zweigstelle der Glashütte; heute ist der Weiler Waldrastplatz und Ausgangspunkt mehrerer Rundwanderwege. *5 km von Grafenau*

Spiegelau [112 A–B2]

Die bekannte *Glashütte (Führungen tgl. außer Sa/So)* ist seit 1530 nachgewiesen, der traditionsreiche Ort (4200 Ew.) am Fuß des Rachels lebt vornehmlich vom Fremdenverkehr und hat hierfür Waldspielpark (mit Waldschule), Waldschänke und Naturkneippanlage eingerichtet. 240 km markierte Wanderwege lenken die Besucherströme in die hügelige Umgebung. Ein »Knüppelweg« führt über das »Ochsenklavier« durch ein Hochmoor zum Eiszeit- und Urwaldlehrpfad am Rachelsee. Empfehlenswerter Gasthof: **Gasthof Genosko**, *Hauptstraße 11, Tel. 08553/97 37 70, €–€€;* Gehobeneren Ansprüchen gerecht wird das Landhotel Tannenhof mit Tiefgarage und Nichtraucheretage, *100 Zi., Auf der List 27, Tel. 08553/97 30, Fax 97 32 00, www.landhotel-tannenhof.de, €€–€€€. 8 km von Grafenau*

Insider Tipp

Waldgeschichtliches Wandergebiet [112–113 C–D1]

Nördlich von Finsterau, mit Informationstafeln und alten Stauseen (Triftklausen). Die vier Rundwege (1,5 bis 3,5 Std.) zeigen die Geschichte der Holzwirtschaft mit Triftkanälen und Zugbahnen.

Waldhäuser [112 B–C 1–2]

Die kleine Streusiedlung (250 Ew.) am Südwesthang des Lusen ist ein idyllischer Ort in wunderschöner Lage mit typischen Häusern aus Holz und Granit. Im 17. Jh. machten hier die Salzsäumer Station. Die *Dorfkapelle* von 1928 beherbergt das viel beachtete Altarbild »Maria im Walde«. *13 km von Grafenau*

ZWIESEL

[108 A6] Die Lage im Talbecken des Bergdreiecks Arber-Falkenstein-Rachel hat dem Zentrum der Glasindustrie (10 000 Ew.) eine ansehnliche Touristenschwemme beschert. Es gibt ein umfangreiches Urlaubsangebot, 200 km markierte Wanderwege und hervorragende Wintersportmöglichkeiten. Der Name Zwiesel (von *Zwisl* = Gabelung) weist auf die Lage der ehemaligen Säumerstation auf dem mittelalterlichen Handelspfad am Zusammenfluss von Großem und Kleinem Regen hin. Im August und September zeigt die Ausstellung »Zwieseler Buntspecht« Werke heimischer Künstler. Der »Zwieseler Fink«, ein Preis zur Pflege der Volksmusik, wird jährlich im September vergeben; begründet von Paul Friedl, dem »Baumsteftenlenz«.

SEHENSWERTES

Kleines Schloss

Das ehemalige Herrenhaus der »Theresienthaler Krystallglasmanufaktur« beherbergt eine schöne Sammlung alter Gläser. Die Tradition der Glasmanufaktur nebenan reicht zurück bis ins 15. Jh. In der heutigen Form als reiner Mundblas- und Handarbeitsbetrieb steht sie seit 1836. *Ortsteil Theresienthal, Mo–Fr 10–14 Uhr*

St. Nikolaus

Neugotischer Backsteinbau von 1896, der wegen des imposanten,

86 m hohen Turms auch »Dom des Bayerischen Waldes« genannt wird (der andere steht in Waldkirchen).

MUSEUM

Waldmuseum Zwiesel

★ Die reichen Sammlungen des viel besuchten Provinzmuseums zeigen Flora und Fauna des Bayerischen Waldes, Glasmacherkunst und bäuerliches Arbeitsgerät. *Stadtplatz 29, Mitte Mai–Mitte Okt. Mo–Fr 9–17, Sa/So 10–12 und 14–16, 2. Oktoberhälfte und Dez.–Mitte Mai Mo–Fr 10–12 und 14–17, Sa/So 10–12 Uhr*

ESSEN & TRINKEN ÜBERNACHTEN

Magdalenenhof

Ortsrandlage mit Bayerwaldpanorama, alle Zimmer mit Balkon. *36 Zi., Ahornweg 17, Tel. 09922/ 85 60, Fax 67 08, €€*

Pension Sonnleitn

1998 wurde dieses Hotel als »nationalparkfreundlich« ausgezeichnet, vielleicht auch, weil es ausschließlich Nichtraucherzimmer gibt. Bauernstube mit Kachelofen, Große Zimmer, deftige Brotzeiten. *18 Zi., Büchelweg 8, Tel. 09922/18 24, €*

Zur Waldbahn

Traditionsgasthof gleich beim Bahnhof für gehobene Ansprüche mit Kachelofen im Restaurant und Hallenbad und Solarium im Hotel. *Tel. 09922/85 70, Fax 85 72 22, €€*

ZIELE IN DER UMGEBUNG

Arber   [107 E4–5]

★ ⚜ Ins Gebiet um den Arber (1456 m), älter als die Zugspitze, führt die Scheibenstraße hoch zum Brennes-Sattel. Der »König des Bayerwaldes«, 12 km nordwestlich von Zwiesel, ist voll erschlossen: durch Seilbahn, Skischneise, Trimm-dich-

Verschneite Landschaft mit Radarstation auf dem Großen Arber

Strecken. Ein gewaltiger Rummel, an sonnigen Tagen herrscht am Großen Arbersee (einstündiger Uferrundweg) fast Volksfeststimmung, die Parkplätze sind überfüllt. Der Aufstieg lohnt dennoch wegen der Aussicht. Der Kleine Arbersee ist zu Fuß vom Brennes aus erreichbar (am Ziel ein »Seehäusl« mit Bootsverleih).

Bayerisch-Eisenstein   [107 F4]
Der Ort, vor Eröffnung der Bahnlinie 1877 ein Dorf, entwickelte sich nach Abtretung des alten Gemeindekerns Markt Eisenstein (heute Železná Ruda) an Österreich zur Sommerfrische. Der kalte Krieg ließ Bayerisch-Eisenstein dann Endstation werden, die Grenze lief durch den Bahnhof. Im sehenswerten *Bahnhofsrestaurant (Tel. 09925/ 330, €€)* gab und gibt es böhmische Spezialitäten. Die Grenzöffnung zog neue Besucher in die 1600-Einwohner-Gemeinde. Eisenbahnfreunde dürfen sich das *Localbahnmuseum (April–Okt. tgl. außer Di nachm. und Mo 10–12.30 und 14–17 Uhr)* nicht entgehen lassen. *14 km von Zwiesel*

Insider Tipp **Budweis**   [0]
Das heutige České Budějovice, ca. 130 km von Grafenau entfernt, ist mit 97 000 Einwohnern die größte Stadt Südböhmens und vor allem für sein Bier bekannt. Die berühmte Brauerei *Budějovicky Budvar* bietet Führungen an (Anmeldung erforderlich). Seit Jahren schwelt der Markenstreit: Der amerikanische Getränkekonzern Anheuser-Busch will die Tschechen unbedingt zum Umstieg auf US-Bier bringen. Doch auch das amerikanische Kulturzentrum, das der Konzern mitten in der Altstadt eröffnet hat, hat die Budweiser weder verführen noch überzeugen können. In Sachen Bier sind die Tschechen nämlich eigen. Budweis wurde 1265 am Zusammenfluss von Maltsch (Malse) und Moldau (Vltava) errichtet. Beim Spaziergang durch die engen Altstadtgassen mit Renaissancearkaden und Barockfassaden ist der Eindruck an sonnigen Tagen fast mediterran – wie in der Partnerstadt Passau. Sehenswert ist auch das das nahe gelegene *Schloss Frauenberg (Hluboka nad Vltavou)*, eine beliebte Hochzeitskulisse. Das 1285 erstmals erwähnte Schloss wurde im 19. Jh. nach dem Vorbild von Schloss Windsor umgebaut – manchen missfällt es bis heute als Windsorverschnitt. Dennoch belegen seine 140 Räume die Wohnkultur mehrerer feudaler Generationen. Auskunft: *Tschechische Zentrale für Tourismus, Leipziger Straße 60, 10117 Berlin, Tel. 030/204 47 70, www.bohemia.net*

Lindberg/ Zwieslerwaldhaus   [108 A6]
Das etwas abseits gelegene Waldlerdorf Lindberg, 4 km von Zwiesel entfernt, ist Ausgangspunkt für Schachtenwanderungen. Im privat initiierten *Bauernhausmuseum (Ostern–Nov. tgl. 10–17 Uhr)* mit seinem *Wirtshaus zur Bärenhöhle* gibt es den Bärentrunk, ein nur für den Inside Tipp örtlichen Ausschank gebrautes Bier. Im 10 km entfernten Weiler *Zwieslerwaldhaus* ist das *Zwieseler Waldhaus,* ein historischer Gasthof, durch seine Bierschankerlaubnis seit 1832 das älteste Gasthaus im Bayerischen Wald. *55 Zi., Tel. 09925/90 20 20, www.zwiesler waldhaus.de, €*

Lindbergmühle [108 A5]

Im etwa 5 km von Zwiesel entfernten Lindbergmühle werden in einem Kleinbetrieb von zwei, drei Leuten ausgesprochen eigenwillige Glasobjekte geblasen (Besichtigung möglich).

Ludwigsthal [108 A5]

In dem nach König Ludwig benannten Glasmacherort stehen ein Herrenschloss, Glashäuser und eine Kirche im neobyzantinischen Stil, deren Innenraum bis auf den letzten Zentimeter im Jugendstil bemalt wurde. Die weltentrückte Atmosphäre entsteht aus dem Widerschein der Kerzen in den prächtigen Mosaiken. *5 km von Zwiesel*

Lindberg, Bauernhausmuseum

Oberzwieselau [108 A–B6]

Nach Oberzwieselau pilgerten um die Wende vom 19. zum 20. Jh. führende Jugendstilkünstler wie der Münchner Richard Riemerschmid, um hier avantgardistisches Gebrauchsglas zu entwerfen. Aus dem nahen Buchenau, 950 m hoch im tiefsten Wald gelegen, kam das legendäre Farbtafelglas. *5 km von Zwiesel*

Rabenstein [107 F6]

Das kleine, idyllische Bergdorf liegt am Fuß des 974 m hohen Hennenkobel. Hier ging 1421 die erste Glashütte um Zwiesel in Betrieb. Sehenswert das *Poschingersche Schloss* in der Stormberger Straße. Baron von Poschinger ließ es vor rund 100 Jahren errichten. *6 km von Zwiesel*

Rachel [108 B–C6]

⚜ Im Rachelgebiet gibt es die interessantesten Wanderstrecken und den ursprünglichsten Wald. Der Weg auf den Großen Rachel (1453 m) hinauf birgt bei jedem Wetter den ganzen Zauber des Waldes. Die Gletschermulde mit dem nur auf einer Uferseite begehbaren Rachelsee und den Rachel selbst können Sie auf einem Rundweg erwandern. Ein empfehlenswerter Ausgangspunkt ist der Wanderparkplatz Gfäll, der allerdings in der Zeit zwischen Mitte Mai und Ende November von Privatfahrzeugen nicht angefahren werden darf. Im Sommer nehmen Sie einfach in Spiegelau den Igelbus zum Gfällparkplatz.

Schachtenrundweg [108 B6]

Für Wanderer (4–7 Std.) und Mountainbiker. *Ausgangs- und Endpunkt ist der Trinkwasserspeicher nordöstlich von Frauenau. 8 km von Zwiesel*

Spiegelhütte [108 B5]

Von der Glasfabrik Spiegelhütte am Hang des riesenhaften Falkenstein hat sich nur die Schleiferei erhalten, das örtliche Museum zeigt heute Tierpräparate. *10 km von Zwiesel*

Pure Natur und reines Glas

Die Touren sind in der Karte auf dem hinteren Umschlag und im Reiseatlas ab Seite 104 grün markiert

1 DURCH DEN GLÄSERNEN WALD

Von Passau auf einer rund 175 km langen Route auf der Glasstraße über Waldkirchen, Freyung, Kreuzberg, Zwiesel; zum Schluss ein Abstecher in das Freilichtmuseum Tittling.

Diese Autotour führt auf ein Teilstück der erst 1997 eröffneten ★ Glasstraße, einer Themenstraße, die im oberpfälzischen Neustadt an der Waldnaab beginnt und auf gut 250 km Länge die künstlerische Welt der Glasherstellung erschließt. Wagen Sie ruhig den einen oder anderen Abstecher, auch dabei werden Sie gläserne Entdeckungen machen. Denn die Quarzvorkommen des Großen Pfahls und die unerschöpflich scheinenden Holzvorräte des Bayerischen Waldes locken seit dem 14. Jh. die Glasmacher in diese Gegend und machten sie berühmt. Unsere Tour beginnt in *Passau* im dortigen *Glasmuseum (S. 61).* Georg Höltl, berühmt auch durch seine »rollenden Hotels«, be-

Diese Mariensäule steht in Kötzting

tätigt sich hier als passionierter Sammler böhmischen Glases.

Solcherart gerüstet machen Sie sich auf den Weg nach *Waldkirchen (S. 65).* Die Stadt liegt an einem der Goldenen Steige, die nicht nur zum Transport von Salz, sondern auch für die zerbrechliche Glasfracht benutzt wurden.

Einen kurzen Aufenthalt lohnt das *Museum Goldener Steig,* in dem die Geschichte der Handelswege anschaulich dokumentiert ist. Von Waldkirchen fahren Sie über Freyung nach Kreuzberg, wo im 18. und 19. Jh. die Volkskunst der Hinterglasmalerei in großer Blüte stand. Heute können Sie Zeugnisse dieser Kunst nur noch im Museum bewundern. Die Glasstraße führt von hier aus in nordwestlicher Richtung über Mauth, Glashütte, Weidhütte nach *Spiegelau (S. 78)* Sie können auch die B 533 nach Grafenau nehmen und dort Richtung Spiegelau abfahren.

Hier gibt es noch Firmen – die älteste seit 1527 –, in denen die hohe Kunst des Mundblasens gepflegt wird. Nur 14 km weiter nordwestlich liegt *Frauenau (S. 76),* das als das »Gläserne Herz des Bayerwaldes« gilt.

Glaskünstler aus Frauenau, dem »Gläsernen Herzen des Bayerischen Waldes«

Für die Rückfahrt nach Passau wählen Sie am besten ab Regen die B 85. Zwar nicht mehr auf der Glasstraße, gelangen Sie auf halbem Weg zum *Freilichtmuseum Tittling (S. 69)*. Hier stehen mehr als 120 Gehöfte, Mühlen und ganze Dorfensembles und vermitteln einen Eindruck vom Leben der Waldbewohner anno dazumal. Hier, im Dreiburgenland, können Sie sich noch für eine kleine *Schlössertour* begeistern und die Granitsteinbrüche anschauen. Bis zum Ausgangsort Passau sind es dann nur noch rund 30 km.

2 DREI SESSEL IM MEER

 Leichter Aufstieg in 20 Minuten zum 1330 m hohen Dreisesselfelsen mit Einkehrmöglichkeit im Berggasthof. Am Dreisessel gibt es ein Meer – allerdings ein steinernes am Südhang. Es war der Wechsel von eiszeitlichem Nacht-frost und Tageswärme, der zu ständigen Frostsprengungen führte und dadurch dieses »Meer« aus Granitblöcken schuf. Sie erreichen das sehenswerte Ziel über die Anfahrt Haidmühle und halten am Dreisesselparkplatz. Schon nach 20 Minuten sind Sie auf der Bergkuppe angekommen, von wo aus Sie die drei Steintürme im Granitmeer bewundern können. Lohnend ist der grenzüberschreitende Wanderpfad am Stifterdenkmal vorbei zum Pleckensteiner See. Und von der Kuppe führt in 15 Minuten ein lohnender Abstecher zum 1331 m hohen Hochstein.**

Vom ◀▶ Hochstein wie vom ◀▶ Dreisessel bietet sich ein umfassender Blick, auch weit hinüber ins andere Land, hinunter ins Tal der Moldau, wo Adalbert Stifters Wiege stand. Seit 1957 wird der Fluss hier zu einem gigantischen See von 42 km Länge aufgestaut, um ein Kraftwerk zu betreiben. Ganze Dörfer versanken in den Fluten. Der Nordhang des Böhmerwaldes wurde nach dem Zweiten Weltkrieg mit der Vertreibung der Deutschen entvölkert, die Dörfer wurden größtenteils vernichtet, doch Oberplan, der Geburtsort Adalbert Stifters am Nordufer der Moldau, steht noch. In Bärnstein, 1077 m hoch, gibt es eine nur zu Fuß erreichbare ◀▶ Aussichtskanzel auf einer Granitfelsburg, die einen schönen Blick auf Oberplan und die Moldau bietet. Durch das »Steinerne Meer« führt auch der Witiko- oder Stiftersteig in 1 1/4 Std. zum Rosenberger Gut, dem früheren Arbeits- und Erholungsort Stifters. In der heutigen Jugendherberge kann man die Arbeitsräume des Dichters besichtigen.

3 NÖRDLICHE NATURTOUR

Zwei-Tage-Tour von Kötzting über Arrach, Drachselsried, Bodenmais, Regenhütte, Zwiesel, Regen und zurück. Rund 150 km. Von Zwiesel oder Regenhütte aus bietet sich über Bayerisch-Eisenstein ein Ausflug an nach Bergreichenstein (Kašperské Hory), wo der Schriftsteller Kar(e)l Klostermann aufwuchs: Er forderte bereits 1919 einen »Nationalpark Böhmerwald«.

Diese Tour führt Sie zu den Naturschönheiten der Region um die Glasmacherstadt Zwiesel. Vom Ausgangspunkt *Kötzting (S. 36)* nehmen Sie die Straße nach Osten in Richtung Lam, die Sie bei Arrach jedoch wieder verlassen, um dem Wegweiser nach Bodenmais zu folgen. Sollten Sie mehr als einen Tag eingeplant haben, entscheiden Sie sich für eine Wanderung vom Ecker Sattel auf den Kaitersberg und zum Riedelstein.

Weiter geht die Fahrt dann nach *Bodenmais (S. 31)*. Hier folgen Sie den Wegweisern zum Großen Arbersee, der erst während der jüngsten Eiszeit entstand. Nur rund 6 km entfernt, aber genau auf der anderen Seite des Arbers, liegt der Kleine Arbersee, den Sie zu Fuß in weniger als einer Stunde umrunden können. Von den beiden Seen fahren Sie in südöstlicher Richtung auf der Landstraße bis nach Regenhütte, von wo die Fahrt auf der B 11 Richtung Zwiesel weitergeht. Entsprechende Zeitreserven vorausgesetzt, lohnt sich hier eine Wanderung zum urwaldartigen Gebiet Mittelsteighütte. Dazu bitte auf den Wegweiser zwischen Regenhütte und Ludwigsthal mit der Aufschrift »Zwieseler Waldhaus« achten! Ein Spaziergang durch diesen unberührten Wald braucht nur eine Stunde lang zu sein, und Sie werden sich in vergangene Jahrhunderte versetzt fühlen – so ursprünglich ist es hier.

Zurück auf der B 11, fahren Sie weiter nach Süden bis nach Ludwigsthal, verlassen die B 11 Richtung Lindbergmühle und fahren weiter zum Forsthaus Scheuereck – Ausgangspunkt für eine Wanderung zum *Großen Falkenstein*. Diese Tour ist etwas anspruchsvoll; eine schonende und kontemplative Alternative ist der Besuch des Rotwildgeheges.

In *Zwiesel (S. 78)*, dem nächsten Ziel dieser Rundreise, sollten

Kaitersberg, Kötztinger Hütte

Sie sich auf die Suche nach einem Quartier für die Nacht machen. Am nächsten Morgen starten Sie dann von Zwiesel nach Regen, wo Sie auf die B 85 abbiegen, um zum 22 km entfernten *Viechtach (S. 49)* zu fahren. Nördlich der Stadt erhebt sich der *Große Pfahl* mit seinen fast weißen, gezackten Klippen. Von Viechtach sind es dann noch 23 km über die B 85 zurück zum Ausgangspunkt Kötzting.

4 VON CHAM NACH FURTH IM WALD

Auf dem familienfreundlichen Chambtal-Radweg (20 km) per Fahrrad unterwegs.

Über diese einfache Tagesroute scherzen die Einheimischen seit Generationen mit folgendem Wortspiel: »Als ich nach Cham kam, war der Zug nach Furth furt.« Fahrplanunabhängig radeln Sie von der Kreisstadt *Cham (S. 37)* durch das so malerische wie geschichtsträchtige Chambtal in die Drachenstich-Stadt. Unterwegs zwischen Bayern und Böhmen, wählten Kaiser und

Könige, Heereszüge und Handelskarawanen den Weg durch dieses Tal, die Further Senke. Über die Fortsetzung der Radreise bis Prag und Pilsen informiert die *Touristinfo Furth im Wald, Schlossplatz 1, Tel. 09973/509 80, www.furth.de.*

5 HIMMELSLEITERN UND OCHSENKLAVIERE

Einstündige Tour mit teilweise steilem Anstieg. Ab Lusenparkplatz bei Waldhäuser auf dem Winterweg zum Lusenschutzhaus. Verlängerung: Bei guter Kondition in 5–6 Std. vom Lusen zum Rachel.

Im einst gottgefälligen Bayerischen Wald gibt es selbstverständlich mehrere Himmelsleitern. Eine zum Beispiel führt vom Kleinen zum Großen Arber, eine andere aber auf den Lusen, den »nettesten« Gipfel der Gegend. Er ist der Haupt- und Hausberg des südlichen Bayerwaldes und gut besucht.

Der Aufstieg ist kurz, aber er kostet Kraft und Schweiß. Wer auf dem granitenen Berggipfel mit

Radeln mit Kind und Kegel ist im autofreien Donautal ein Vergnügen

seinen durcheinandergeworfenen Steinblöcken ankommt, hat unter sich das »grüne Dach Europas« – und manchmal gar freien Blick bis zu den Alpen.

Insider Tipp Der Wanderpfad ab dem Lusenparkplatz zieht vorbei an farnigen Grotten und moosbewachsenen Granitfelsen. Sie atmen würzige Luft und werden begleitet vom Rauschen des Wildwassers. Hier finden Sie auch die Ochsenklaviere: Ganze Teilstücke der Wanderung führen über Holzstege. Im Volksmund entstand der Name Ochsenklavier dafür angeblich, weil man früher morastige Stellen beim Viehtrieb mit Planken verstärkte und die Klauen der trappelnden Rinder darauf eigene Melodien erzeugten. Im Windschatten des Gipfels steht die Lusenhütte, eine Einkehr für ausgedehnte Brotzeiten. Vom Schutzhaus sind es noch fünfzehn Minuten bis hinauf zur Spitze. Hier oben kann man eine natürliche Grenze ausmachen. Sie wird bestimmt »wie Wasser rinnt und Kugel walzt«, von der Scheide also, wo die Kugel ostwärts oder westwärts rollt. Und so fließen an dieser Scheide die Bäche entweder zur Donau und damit ins Schwarze Meer – oder nach Norden hin, mit der kalten Moldau zur Nordsee.

Insider Tipp Nur wenige Urlauber entdecken den Verbindungsweg zwischen Rachel und Lusen. Die rund fünfstündige, anspruchsvolle Tour, die schweres Schuhwerk verlangt, führt den hier im Wortsinn einsamen Grenzgänger mitten durch die Schutzzone im Kerngebiet des Nationalparks und Tschechien. Ein Abbruch der Wanderung auf dem alten Grenzweg, der nicht unterhalten wird, ist nirgends ratsam. Sie schließt mit einer Einkehr in dem alten und sehr gemütlichen Rachelschutzhaus (von Mai bis Oktober bewirtschaftet). Wenn die Tagestouristen fort sind, wird es richtig schön. Man sitzt noch vor dem Haus auf den Bänken, später auf ein letztes Bier in der Gaststube. Diese Route gilt im Winter als eine Krone der Langlauftouren und Skiwanderungen. Nun geht der Rückweg zur Racheldiensthütte (Parkplatz) oder nach *Waldhäuser (S. 78)*. Und wenn man schon mal hier ist, wird man wohl auch den stillen und rätselhaften Rachelsee bewundern wollen. Seine Entstehung verdankt er einer Zeit, in der Eis selbst die Gipfel von Rachel und Arber bedeckte. Guter Blick auf den See von der Rachelkapelle aus, der wohl meistfotografierten Immobilie der Gegend, zuletzt 1972 neu aufgebaut und Mitte der 1990er-Jahre aufwändig saniert.

6 MIT DEM FAHRRAD INS MUSEUM

 Diese nicht steigungsfreie Tour mit dem Fahrrad führt auf dem Zellertal-Radweg (31 km) von Kötzting bis Bodenmais.

Nach dem neunten grenzübergreifenden Holzbildhauersymposium nahm man die 40 Skulpturen 1999 als Wegmarken für einen neuen Radweg von *Kötzting (S. 36)* über Arnbruck und Drachselsried nach *Bodenmais (S. 31)*. Für die eintrittsfreie Besichtigung der Werke internationaler Künstler und der reizvollen Landschaft müssen Sie auf den Nebenstraßen durchs Zellertal allerdings Steigungen bis 15 Prozent in Kauf nehmen.

Aktivurlaub?
Der Bayerwald ist fit!

Wald, Wiesen, Wasser und Winter warten mit allerlei Freizeitspaß auf

Viele Aktivurlauber werden nach ihren ausgefüllten Ferien im Bayerischen Wald Ferntouristen belächeln, liegt das Gute, in diesem Fall die Vielfalt, doch so nah: Kaum ein Freizeitvergnügen wird hier nicht angeboten. Wo Berge sind, da ist Thermik – klar, dass Drachenflieger ebenso auf ihre Kosten kommen wie Ballonfahrer. Auf den vielen ausgebauten Fahrradwegen haben auch Skater ihre Freude, für die es daneben auch Hallen gibt. »Golf« war vor einigen Jahren das Zauberwort für so manchen Nebenerwerbslandwirt. Inzwischen gibt es im Bayerischen Wald 13 18-Loch-Plätze, Tendenz steigend. Ein wahres Golfermekka mit der ganzjährigen Chance, Promis persönlich nach ihrem Handicap zu fragen, bietet das Bäderdreieck unweit von Passau mit der weltweit größten Golfakademie bei Bad Griesbach.

Insider Tipp

Passionierte Angler werden allerorts auf gleich gesinnte Einheimische treffen. Im Winter halten die es dann mehr mit dem Eisstockschießen. Tennis und Wintersportarten bis zum Skijöring (Untergriesbach) runden das Angebot ab.

Möglichkeiten, sich sportlich zu betätigen, gibt es viele im Woid

ANGELN

Ein besonderer Reiz für Angelsportler ist der Artenreichtum der Fische in den vielen stehenden wie Fließgewässern. Man braucht sich beim Bezirksfischereimeister nur eine Angelkarte zu besorgen. Wo Angeln erlaubt und wo die zuständige Kartenausgabe zu finden ist, hat der *Tourismusverband Ostbayern, Tel. 0941/58 53 90, info@ostbayern-tourismus.de,* in der Broschüre »Angeln in Ostbayern« gesammelt.

DRACHENFLIEGEN

Drachen- und Gleitschirmflieger finden gleich Gesinnte unter anderem am Osser und am Pröller, in Breitenberg, Grainet, Grattersdorf, Windberg und Untergriesbach.

FALLSCHIRMSPRINGEN

Rundflüge bieten die meist Segel- und Motorflieger beherbergenden kleinen Flugplätze z. B. in Arnbruck, Cham, Deggendorf, Sonnen und Vilshofen an. Daneben gibt es auch Fallschirmspringerclubs und -schulen, etwa in Fürstenzell bei Passau. *Fallschirmsportclub Passau, Tel. 08502/87 60.*

Insider Tipp

GOKARTFAHREN

Gokartrennfahrer können sich auf den Bahnen in Straubing, Aicha vorm Wald *(Kartsportzentrum, Tel. 08544/911 96)*, Geiersthal und Hunderdorf austoben.

GOLF

Golf ist längst Volkssport. Fast überall gibt es 18-Loch- und Übungsanlagen, die auch Einheimische eifrig nutzen. Wer ein Gastspiel wagen will, sollte den Clubausweis seines Heimatvereins mitbringen und braucht in der Regel Handicap 54. Manche Plätze sind ganzjährig geöffnet und nur bei Schneedecke nicht bespielbar. Die Einheimischen bevorzugen Gut Lindberg/Oberzwieselau *(18-Loch-Anlage, Tel. 09922/23 67)*; Deggendorf *(9-Loch-Anlage mit Driving Range, April–Nov., Tel. 09920/89 11)*; Kellberg/Thyrnau *(18-Loch-Anlage und 3-Loch-Übungsplatz, Tel. 08501/913 13)*.

KANU & KAJAK

Die Schneeschmelze fordert im Ilztal zum Wildwasserfahren heraus, ein Kanuwanderweg verläuft auf dem Regen zwischen Regensburg und Blaibacher See. Bei Tittling *(Touristinfo Tel. 08504/401 14)* wird auf der Ilz jedes Jahr die Bayerwald-Wildwasserregatta ausgetragen. An der Isarmündung bei Deggendorf wird Wildwasserrodeo angeboten.

KLETTERN

Eine natürliche Kletterregion sind die Rauchröhren am Kaitersberg bei Kötzting. Klettergärten gibt es in Ruderting und Waldkirchen, Kletterfelsen in Deggendorf.

REITEN

Ob Sie Ihr eigenes Pferd mitbringen, auf Schulrössern, die hier »Verleiher« heißen, das Glück der Erde entdecken oder, bereits sattelfest, ausreiten wollen – der Bayerische Wald ist gerüstet. Über 600 km Reitrouten, in nahezu jedem Ort eine Reithalle, Gastboxen und gesellige heimische Pferdesportler machen den Urlaub mit Pferden ganzjährig zum Genuss. Das Niveau differiert wie überall. Über 180 Reitbetriebe, dazu Routen und Veranstaltungen rund ums Pferd enthalten die Broschüren »Reiten« und »Ross und Reiter in Ostbayern« vom *Tourismusverband Ostbayern, Tel. 0941/58 53 90, info@ostbayern-tourismus.de.* Manche Vereine haben sogar mehrere Reithallen. Auf Gut Aichet nahe Passau ist 2001 eine 30 x 60-Meter-Halle fertig geworden. Dort finden Lehrgänge in Dressur, Springen und Vielseitigkeit statt, *Tel. 08501/272.*

Insider Tipp

WANDERN

Auf dem »Gläsernen Steig« durch die Glasmacherlandschaft oder auf den Spuren der Kelten auf dem »Böhmweg« vom Donautal zur Moldau, unterwegs auf den beiden europäischen Fernwanderwegen oder den Pfaden im Nationalpark – ein Urlaub reicht niemals aus, um den Bayerischen Wald zu erwandern. Dabei profitieren Sie heute vom Tourismusvordenker Maximilian Schmidt, der im Jahr 1883 den »Bayerischen Wald-Verein« gründete. Dieser, Hauptsitz ist Zwiesel, *Tel. 09922/92 65,* unterhält mit zahlreichen Sektionen vielerorts Berghütten und bietet geführte Touren an.

WASSERSKI

Hier wartet die Region mit Superlativen auf: Mit 18 km bietet die Donau nämlich die längste Wasserskistrecke Deutschlands. Das kleine Obernzell unweit von Passau ist das Wasserskizentrum, daneben wird der Sport bei Metten, Irlbach und Winzer angeboten. Am Friedenhainsee nahe Straubing gibt es eine Wasserskiseilbahn.

WINTERSPORT

Allein die Prädikate »schneereich« und »schneesicher« für das Dreilän-dereck lassen die Augen aller Wintersportfans glänzen. Doch dazu kommt noch die große Vielfalt dessen, was im Bayerwaldwinter alles auf Eis und Schnee angeboten wird: Snowboardfunparks in Arrach, Waldkirchen und Mitterfirmiansreut; Breitenberg mit dem Langlaufzentrum Jagerbild; in Rastbüchl gibt es eine der modernsten Mattenschanzenanlagen Deutschlands. Sieben erschlossene Alpinskigebiete und 2000 km präparierte Langlaufloipen (jeweils Teilnahme an Rennen möglich), Schneeschuhwandern; dazu das Anfeuern der Musher, der Schlittenführer, wenn sie in Haidmühle *(Touristinfo Tel. 08556/194 33),* Grainet oder Drachselsried ihre Hundegespanne rennen lassen, und die verträumte Fahrt durch den Winterwald, eingemummelt im Pferdeschlitten.

Wanderer bei den Rauchröhren am Kaitersberg

Pause für Eltern auf dem Ferienplan

Indianertipis, Wasserspaß und Zwergerlkurse bieten Kurzweil für Kids

Mit Attraktionen vom Abenteuerspielplatz bis zum Wildgehege bleibt der Bayerische Wald nichts schuldig, um Eltern Erholung und Kindern unvergessliche Ferien zu ermöglichen. Fast überall gibt es Kinderermäßigung. Spielprogramme vergessen dabei nicht den Ausspannbedarf geplagter Eltern und bieten Kinderbetreuung an.

OBERER BAYERISCHER WALD

Donau kompakt im Zoo Straubing [105 F6]
Straubing besitzt den einzigen Tiergarten Ostbayerns mit über 1000 Tieren. Hier wird auch das Leben während der Jungsteinzeit in einem rekonstruierten Bauernhaus demonstriert *(Workshops und Zooschule, Tel. 09421/212 77)* – und wie es zu den ersten Haustieren kam. Das ★ *Danubium* zeigt die Lebensbedingungen im und am 2800 km langen Donaustrom. In den Biotopen leben Biber und Fischotter, im Donauaquarium und in Terrarien tummeln sich vielerlei Fischarten und Amphibien. *Tgl.*

Ski und Rodeln gut – aber es gibt noch mehr Angebote für Kinder

Winterzeit 9 bis etwa 17, Sommerzeit 8.30–19 Uhr, Eintritt 4 Euro, Kinder 2,50 Euro, Familien 9 Euro

Schippern im Riesenschwan [105 F2]
Loifling südlich von Cham hat den größten Freizeit- und Erlebnispark Ostbayerns für Bootsfahrten im Riesenschwan, mit Kindertheater, einer Wildwasserbahn und einer Wasserorgel aus 860 Fontänen. *Churpfalzpark, tgl. Palmsonntag bis Mitte/Ende Okt. 9–18 Uhr, Fahrbetrieb 10–17 Uhr, Eintritt 12,50 Euro, Kinder 11.50 Euro, www.chur pfalzpark.de*

Imagepflege für den Wolf [107 E3–4]
Gegenwart und Vergangenheit der heimischen Tierwelt (300 Tiere aus 70 Arten) präsentiert der Bayerwaldtierpark in Lohberg mit Umweltlehrpfad und einem eigenen »Haus des Wolfes«. *Tgl. Nov.–April 10–16, Mai–Okt. 9–17 Uhr, Eintritt 3,50 Euro, Kinder 2 Euro*

Die Märchenvilla [107 E3]
Wird dort mit den negativen Märchenstempeln für Isegrim aufgeräumt, entführt in Lambach ein »Märchen- und Gespensterhaus« in

eben jenes Reich der Phantasie. *Tgl. Sommer 9–18, Winter 10–17 Uhr, Eintritt etwa 1,50 Euro*

Die Seen im Silberberg [107 E5]

Superspannend ist die unterirdische Tour durch das Schaubergwerk im 955 m hohen Silberberg südöstlich von Bodenmais. Hier wurde bis Anfang der 1960er-Jahre nach Silber geschürft, geblieben sind die Stollen, die Grundwasserseen und Experten für die damaligen Abbaumethoden. *Führungen tgl. Ende März bis Juni und Sept./Okt. 10–16, Juli/August 9–16.45, 25. Dez. bis 8. Jan. 10–15, 9. Jan.–März Di, Mi, Fr und Sa 13–15 Uhr, 6. Nov. bis Weihnachten nur nach Anmeldung (mindestens 20 Personen), Eintritt 5 Euro, Kinder 3 Euro, Familienkarte (2 Erwachsene und 2 Kinder) 15 Euro.* In den warmen Monaten lässt sich die Besichtigung mit einer Abfahrt auf der 550 m langen Sommerrodelbahn verbinden.

UNTERER BAYERISCHER WALD

Museen kindgerecht [112 C3]

Mancherorts, etwa im Freyunger Jagd- und Fischereimuseum, gibt es Extraführungen für Kinder *(Touristinfo Tel. 08551/588 50, www.freyungurlaub.de).*

Bergwerk mit Geo-Lehrpfad [115 E1]

★ Bei Hauzenberg liegt Kropfmühl, das einzige Grafitbergwerk Westeuropas, mit angegliedertem Museum und einem Geo-Lehrpfad. Für die Besichtigung unter Tage schlüpft man in lustige Schutzkleidung. *Mai–Okt. Di–Sa 10–16,*

So/feiertags 12–16, März/April Mi–So 13–16, letzte Führung jeweils 15.30 Uhr; an den Ruhetagen werden Gruppen ab 15 Personen nach Anmeldung geführt, Tel. 08586/60 91 47. Eintritt 3,50 Euro, Kinder 2,80 Euro, www.graphite.de

Im Wilden Westen [111 F5]

Pit, den Goldgräber, und den franko-kanadischen Bilderbuchindianer Hunting Wolf trifft man in der 200 000 m² großen Westernstadt Pullman City nahe Eging am See. Dort steigt von April bis November täglich eine prachtvolle History Show auf der Main Street, man kann (Katzen-)Gold waschen, im Saloon ein kühles Bier bzw. eine Limo heben oder einfach einen Tag lang Cowboy sein. So richtig Marlboromanmäßig wird es aber erst, wenn die Tagesbesucher *(Eintritt 8 Euro, Kinder 5 Euro)* ihre Hüte und den breitbeinigen Gang auf dem Weg zum Parkplatz wieder ab- und aufgegeben haben und verschwunden sind. Allein dafür lohnt sich schon das Übernachten, im Tipi ab 13 Euro oder im Palace Hotel ab 42 Euro/DZ. *Tel. 08544/91 82 52, www.pullmancity.de*

Inside Tipp

Passaus Kleine-Leute-Specials [114 C2]

Passau gehört zum im Verbund des Südostbayerischen Städtetheaters. So kann es im Dezember Premiere für Kinder mit weiteren Aufführungen im Winter präsentieren, *Info/Kasse Tel. 0851/929 19 13, www.suedostbayerisches-staedtetheater.de.* Exklusiv für Kinder sind die kostenlosen *Domführungen* von Ordinariatsmitarbeiter Roland Kickinger, *Anmeldung (ab 8 Uhr) unter Tel. 0851/39 32 17.*

Inside Tipp

Kindern macht es Spaß, auf den Fanfaren zu blasen

Kinderkino, Sonntags-Kinder-matineen und freier Eintritt am Geburtstag haben sich seit Jahren in den *Promenade-Lichtspielen (Tel. 0851/26 55)* und im *Metropolis (Tel. 0851/75 28 15)* eingebürgert. Und im städtischen *Oberhausmuseum, Mo–Fr 9–17, Sa/So 10–18 Uhr, Dez.–März teilweise geschlossen,* werden regelmäßig besondere Kinderaktionen angeboten *(Tel. 0851/493 35 11). Eintritt 4,20 Euro, Familienkarte (2 Erwachsene und alle ihre Kinder) 10 Euro*

NATIONALPARK BAYERISCHER WALD

Abenteuerliche Waldschule [112 B2]

Die Waldschule nahe Spiegelau ist nicht etwa eine herkömmliche Baumschule, sondern gehört zu einem Waldspielgelände mit Lehrpfad und Abenteuerspielplatz. *Auskunft bei der Nationalparkverwaltung, Freyunger Straße 2, 94481 Grafenau, Tel. 08552/960 00, Fax 08552/13 94, www.nationalpark-bayerischer-wald.de*

Tierfreigelände im Nationalpark [112 C2]

Durch das 200 Fußballfelder große Gelände im Kern des Nationalparks führt ein beschilderter, gut dreistündiger Rundweg, der sich aber auch abkürzen lässt. Ausgangspunkt für die 5 km lange Wanderung, bei der 30 Tierarten in Schaugehegen (fast) wie in ihrem natürlichen Lebensraum zu sehen sind, ist das Hans-Eisenmann-Haus *(Informationszentrum: Böhmstraße 35, 94556 Neuschönau, Tel. 08558/961 50, Fax 26 18).*

Als Goldwäscher unterwegs [112 B2]

Bei St. Oswald-Riedlhütte liegt nicht nur ein sehenswertes Hochmoor (Klosterfilz). Hier gehts mit Rucksack und Waschpfanne zu geführten Goldwäscherexkursionen. *Mai–Okt. Do, Tel. 08553/96 11 38, www.sankt-oswald-riedlhuette.de*

Angesagt!

**Was Sie wissen sollten über Trends,
die Szene und Kuriositäten im Bayerischen Wald**

Kneipentouren

Die jungen Leuten haben
donnerstags und freitags feste
Gruppenrituale. Vom Café oder
der Eisdiele zieht man zunächst in
eine Kneipe, danach gehts in
mehrere Diskos. Evergreens sind
das *Vulcano* in Aicha und das
Night Flight in Landau. Anfahrten
von 70 km werden dabei ohne
Wimpernzucken in Kauf
genommen.

Büchsenmacherei

So ein Schild richtet sich nicht an
Waffenfreunde und Jäger: Das
Geburtshaus eines neuen
Babymädchens ist nicht weit,
Freunde der Eltern drapieren
außerdem Konservendosen am
Gartenzaun. Hintergrund: Zu fre-
chen Mädchen sagt man hier »so
a Bix'n« (Büchse) und meint
damit Göre, Fratz.

Flohmärkte

Flohmärkte, die samstags in fast
jeder Stadt abgehalten werden
bzw. für die Sie allerorts Ankündi-
gungen finden, sind meist wahre
Schatzkästchen voller Antiquitäten
und Raritäten. Achtung: Der frühe
Vogel fängt den Wurm …

Wellnesswelle

Eine sanfte, aber keinen Winkel
der Region auslassende
Wellnesswelle ist mit Beginn des
neuen Jahrtausends auch in den
Bayerischen Wald mit seiner
guten Luft geschwappt. Es gibt
kaum ein Hotel, kaum ein Dorf, in
dem sich nicht wohlige Gesund-
heitswochen verbringen ließen.
Ein Tipp für Interessenten: Es
lohnt sich in jedem Fall, nach
Aktionstagen außerhalb der
Saison zu fragen.

Tanke-Partys

In den rund um die Uhr geöffneten 24-Stunden-Tankstellenshops
feiern vor allem Grufties und
schrille Punks, die auch gerne im
Pulk durchs Ortszentrum ziehen
und sich an den Blicken der
Normalos weiden.

Inlineskating

Megatrendy ist Inlineskaten
besonders auf der Strecke an der
Donau zwischen Passau und
Obernzell, aber auch auf anderen
Asphaltradwegen.

Von Anreise bis Zoll

**Hier finden Sie kurz gefasst
die wichtigsten Adressen und Informationen
für Ihre Reise in den Bayerischen Wald**

ANREISE

Auto

Von Westen her leiten A 6 und A 3 (über Nürnberg) nach Regensburg und weiter über Deggendorf nach Passau. Für Berliner bietet sich die A 9 bis Dreieck Bayerisches Vogtland an, weiter auf der A 72. Am Dreieck Hochfranken auf A 93 Richtung Weiden (ab hier B 22 für Furth im Wald und den übrigen nördlichen Oberpfälzer Wald) und Schwandorf (ab hier B 85 für Cham und Umgebung) nach Regensburg, Deggendorf, Passau. Vom Norden befährt man am besten die A 7 bis Biebelrieder Dreieck und wechselt dort auf die A 3. Aus dem Großraum München führt die A 92 über Landshut nach Deggendorf (A 3).

Bahn

Von Hamburg fährt täglich der ICE »Prinz Eugen« über Fulda und Regensburg bis Plattling. In Dortmund besteigt man den EC 29, der in Regensburg und Passau hält. Auf *www.bahn.de* finden Sie Infos zum günstigen Bayernticket (werktags 9–16 und 18–3 Uhr Folgetag). Auf *www.bayerwaldticket.com* stehen Fahrplan, Preise und Routentipps (Mitte Mai bis Oktober) im Raum Regen/Cham/Freyung-Grafenau. ÖPNV-Infos bietet *www.rbo.de*.

Flugzeug

Je nach Region, die Sie erreichen wollen, sind die nächstgelegenen Verkehrsflughäfen Nürnberg, München, Linz und Salzburg.

AUSKUNFT

**Tourismusverband
Ostbayern**
Luitpoldstr. 20, 93047 Regensburg, Tel. 0941/58 53 90, Fax 585 39 39, www.ostbayern-tourismus.de

Bayerischer Waldverein e.V.
Angerstraße 39, 94227 Zwiesel, Tel. 09922/92 65, Fax 92 65

AUTO

Das gut ausgebaute Straßennetz hat nicht nur Vorteile: Die Fahrweise vieler Einheimischer ist leichtfertig, die Unfallquote hoch. In fast allen größeren Orten gibt es ein Parkplatzproblem. Geldbeutel- und nervenschonend sind da Park-and-ride-Angebote und Parkhäuser.

BERGBAHNEN

Sie gibt es als Sessellifte am Arber, am Silberberg bei Bodenmais, am Geißkopf bei Bischofsmais und am Hohen Bogen Nähe Neukirchen beim Heiligen Blut.

BERGHÄUSER

Sie bieten sich als einfache, aber preiswerte Wanderstützpunkte an. Neben den oft ganzjährig geöffneten Schutzhäusern des Bayerischen Waldvereins (*Angerstraße 39, 94227 Zwiesel*; Voranmeldung empfehlenswert) gibt es viele Berggasthöfe in Privatbesitz.

CAMPING

Campingplätze gibt es rund 30, darunter geradezu luxuriös ausgestattete, wie z. B. in Viechtach mit Hallenbad und Sauna. Auskunft: *Campingplatzvermittlung des ADAC in Stuttgart, Tel. 0711/18 21 88*

FERIENHÄUSER

Rund 20 Feriendörfer mit Holzhäuschen und modernen Freizeitanlagen sind über das ganze Gebiet verteilt. Sie sind natürlich gerade für Familien mit Kleinkindern geeignet. Die Touristbüros und Verkehrsämter der Gemeinden erteilen Auskunft. Im Waldferiendorf Dürrwies bei Bischofsmais bieten rekonstruierte historische Bauernkaten Quartier für zwei bis 14 Personen.

INTERNET

Via Datenautobahn ist inzwischen nicht nur jede Stadt und nahezu jede Gemeinde (z. B. *www.passau.de* mit Live-Webcam und guten Links) auf ihrer Homepage erreichbar. Auch die meisten Hotels, Museen und anderen Einrichtungen präsentieren sich selbst im Internet. Einige Adressen: *www.nationalpark-bayerischer-wald.de; www.ostbayern-tourismus.de; www.pnp.de* (Passauer Neue Presse); *www.btl.de* (Bay-

www.marcopolo.de

Im Internet auf Reisen gehen

Mit über 10 000 Tipps zu den beliebtesten Reisezielen ist MARCO POLO auch im Internet vertreten. Sie wollen nach Paris, auf die Kanaren oder ins australische Outback? Per Mausklick erfahren Sie unter www.marcopolo.de Wissenswertes über Ihr Reiseziel. Zusätzlich zu den Informationen aus den Reiseführern bieten wir Ihnen online:

- das *Reise Journal* mit aktuellen News, Artikeln, Reportagen
- den *Reise Service* mit Routenplaner, Währungsrechner und Compact Guides
- den *Reise Markt* mit Angeboten unserer Partner rund um das Thema Urlaub

Es lohnt sich vorbeizuschauen: Wöchentlich aktualisiert, gibt es immer wieder Neues zu entdecken. Bleiben Sie auf dem Laufenden mit unserem E-Mail-Newsletter, den Sie kostenlos abonnieren können!

ern Tourismus Line); *www.bay ern.by* – die Endung *by* haben sich die Bayern für diese Site mit breitem Spektrum von Weissrussland ausgeliehen.

INTERNETCAFÉS

Internetcafés haben sich noch nicht wirklich etabliert im Bayerischen Wald – sie kommen und gehen fast wie Eintagsfliegen. Eine der wenigen konstanten Adressen ist das *Café Alibi* in der Passauer Innstadt, *Tel. 0851/317 71.*

JUGENDHERBERGEN

Ein Netz von 17 Jugendherbergen durchzieht den Bayerischen Wald. Aber: In Bayern stehen diese Quartiere nur jungen Leuten bis 26 Jahre offen. Ausnahmen: Gruppenbegleiter und Eltern mit mindestens einem minderjährigen Kind. Infos gibts beim Landesverband in München, *Tel. 089/922 09 80.*

ÖFFENTLICHE VERKEHRSMITTEL

Die Bahn *(www.bahn.de)* zieht sich aus der Region zurück und setzt immer mehr Busse ein. Entsprechend gut sind die ÖPNV-Verbindungen *(www.rbo.de)*. Erlebenswert sind Regionalbahnen wie die Waldbahn zwischen Deggendorf und Bayerisch-Eisenstein, die Wanderbahn im Regental zwischen Viechtach und Gotteszell, der Ökoexpress von Furth im Wald nach Taus/Domalize, der sommerliche Böhmerwaldcourier von Deggendorf nach Spitzberg und Klattau oder Ilztal-Sonderfahrten *(www.passauer-ei senbahnfreunde.de)*. Im und um

Was kostet wie viel?

Kaffee	**1,30–2 Euro**	für eine Tasse Kaffee
Eis	**1–2 Euro**	für zwei Kugeln Eis
Bier	**ca. 2 Euro**	für den halben Liter
Wasser	**1–2 Euro**	für ein Glas Mineralwasser
Benzin	**ca. 1,09 Euro**	für einen Liter Super
Busfahrt	**1,50–2,30 Euro**	für eine Busfahrkarte

den Nationalpark verkehren gasbetriebene Igel-Busse. In den größeren Orten gibt es, teils im 10-Minuten-Takt, Stadtbuslinien.

POST

Die Postfilialen sind auf dem Rückzug, vielerorts verkaufen Lebensmittelläden und Bäcker Briefmarken und nehmen Post an.

PREISE

Je größer ein Ort, umso teurer ist im Zentrum ein Besuch in Café, Bistro und Kneipe. Je ländlicher das Dorf, umso günstiger lebt und urlaubt es sich dort. Freilich gibt es Ausreißer nach unten wie nach oben. Deshalb lohnt allemal der Vergleich. In traditionellen Gasthäusern und -höfen wird man preiswert mit einem regionaltypischen Tagesgericht (6–12 Euro) satt. Sie sollten in Sachen Unterkunft unbedingt beim Touristbüro nach Pauschalangeboten und Aktionswochen außerhalb der Saison fragen.

REISEZEIT

Das späte Frühjahr gilt vielen Wanderern als beste Zeit. Andere bevorzugen den Herbst mit beständigerem Wetter und Fernsicht. Hochsaison ist im Juli und August. Wintersport ist von Dezember bis April am Arber und in Mitterfirmiansreut schneesicher. Die Übergänge zwischen Winter und Frühling bzw. Herbst und Winter können unangenehm vernebelt, feuchtkalt und matschig sein.

TELEFON & HANDY

Es gibt in allen größeren Orten Mobilfunkläden für Service und Prepaid-Karten. Der Empfang bleibt in manchen Tallagen mäßig. Außerdem schnappen sich österreichische Betreiber im Grenzland gern die Nutzer – und das wird als Auslandstelefonieren teuer. Deshalb sollten Sie Ihr Display immer im Auge behalten, notfalls auf manuelle Netzwahl und damit auf Ihren deutschen Anbieter bestehen. Telefonzellen verschwinden mehr und mehr, wer darauf angewiesen ist, sollte immer Kleingeld *und* Telefonkarte dabei haben.

ZOLL & GRENZVERKEHR

Mit Reisepass oder Personalausweis erwarten Sie an den Grenzen nach Österreich und Tschechien keine großen Formalitäten, zumal Tschechien seit Mai 2004 ebenfalls EU-Mitglied ist. Dies bewirkte besonders in der dortigen Gastronomie durch Steuertarifanpassungen einen deutlichen Preisschub. Allerdings bleiben Grenzkontrollen vorerst bestehen. Das Ende der Übergangslösungen war zum Beitrittstermin noch offen.

Wetter in Regensburg

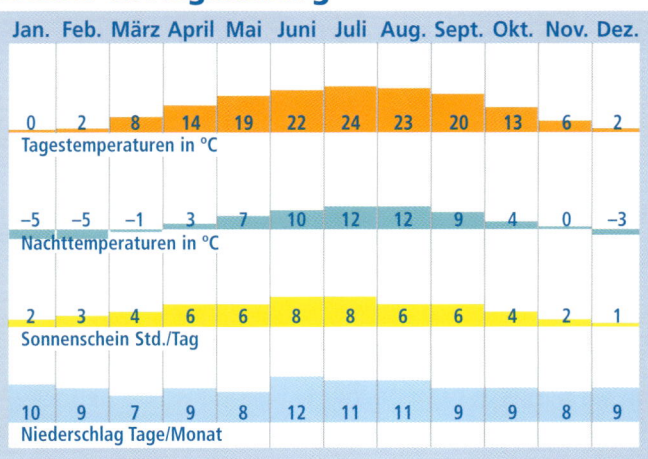

	Jan.	Feb.	März	April	Mai	Juni	Juli	Aug.	Sept.	Okt.	Nov.	Dez.
Tagestemperaturen in °C	0	2	8	14	19	22	24	23	20	13	6	2
Nachttemperaturen in °C	–5	–5	–1	3	7	10	12	12	9	4	0	–3
Sonnenschein Std./Tag	2	3	4	6	6	8	8	6	6	4	2	1
Niederschlag Tage/Monat	10	9	7	9	8	12	11	11	9	9	8	9

Reiseatlas
Bayerischer Wald

**Die Seiteneinteilung für den Reiseatlas finden Sie
auf dem hinteren Umschlag dieses Reiseführers**

Mit freundlicher Unterstützung von

kein urlaub ohne
**holiday
autos**

www.holidayautos.com

total relaxed in den urlaub: einsteiger-übung

1. lehnen sie sich entspannt zurück und gleiten sie in gedanken zu den cleveren angeboten von holiday autos. stellen sie sich vor, als weltgrösster vermittler von ferienmietwagen bietet ihnen holiday autos

   - mietwagen in über 80 urlaubsländern
   - zu äusserst attraktiven preisen

2. vergessen sie jetzt die üblichen zuschläge und überraschungen. dank

   - alles inklusive tarife
   - wegfall der selbstbeteiligung
   - und min. 1,5 mio € haftpflichtdeckungssumme (usa: 1,1 mio €)

   steht ihr endpreis bei holiday autos von anfang an fest.

3. nehmen sie ganz ruhig den hörer, wählen sie die telefonnummer **0180 5 17 91 91 (12cent/min)**, surfen sie zu **www.holidayautos.com** oder fragen sie in ihrem reisebüro nach den topangeboten von holiday autos!

kein urlaub ohne

holiday autos

Autobahn · Gebührenpflichtige Anschlussstelle · Gebührenstelle · Anschlussstelle mit Nummer · Rasthaus mit Übernachtung · Raststätte · Kleinraststätte · Tankstelle · Parkplatz mit und ohne WC	Trento · 11	Motorway · Toll junction · Toll station · Junction with number · Motel · Restaurant · Snackbar · Filling-station · Parking place with and without WC
Autobahn in Bau und geplant mit Datum der Verkehrsübergabe	Datum · Date	Motorway under construction and projected with completion date
Zweibahnige Straße (4-spurig)		Dual carriageway (4 lanes)
Fernverkehrsstraße · Straßennummern	14 · E45	Trunk road · Road numbers
Wichtige Hauptstraße		Important main road
Hauptstraße · Tunnel · Brücke		Main road · Tunnel · Bridge
Nebenstraßen		Minor roads
Fahrweg · Fußweg		Track · Footpath
Wanderweg (Auswahl)		Tourist footpath (selection)
Eisenbahn mit Fernverkehr		Main line railway
Zahnradbahn, Standseilbahn		Rack-railway, funicular
Kabinenschwebebahn · Sessellift		Aerial cableway · Chair-lift
Autofähre		Car ferry
Personenfähre		Passenger ferry
Schifffahrtslinie		Shipping route
Naturschutzgebiet · Sperrgebiet		Nature reserve · Prohibited area
Nationalpark, Naturpark · Wald		National park, natural park · Forest
Straße für Kfz. gesperrt	X X X	Road closed to motor vehicles
Straße mit Gebühr		Toll road
Straße mit Wintersperre	XII-II	Road closed in winter
Straße für Wohnanhänger gesperrt bzw. nicht empfehlenswert		Road closed or not recommended for caravans
Touristenstraße · Pass	Weinstraße · 1510	Tourist route · Pass
Schöner Ausblick · Rundblick · Landschaft bes. schöne Strecke		Scenic view · Panoramic view · Route with beautiful scenery
Golfplatz · Schwimmbad		Golf-course · Swimming pool
Ferienzeltplatz · Zeltplatz		Holiday camp · Transit camp
Jugendherberge · Sprungschanze		Youth hostel · Ski jump
Kirche im Ort, freistehend · Kapelle		Church · Chapel
Kloster · Klosterruine		Monastery · Monastery ruin
Schloss, Burg · Schloss-, Burgruine		Palace, castle · Ruin
Turm · Funk-, Fernsehturm		Tower · Radio-, TV-tower
Leuchtturm · Kraftwerk		Lighthouse · Power station
Wasserfall · Schleuse		Waterfall · Lock
Bauwerk · Marktplatz, Areal		Important building · Market place, area
Ausgrabungs- u. Ruinenstätte · Feldkreuz		Arch. excavation, ruins · Calvary
Dolmen · Menhir · Nuraghen		Dolmen · Menhir · Nuraghe
Hünen-, Hügelgrab · Soldatenfriedhof		Cairn · Military cemetery
Hotel, Gasthaus, Berghütte · Höhle		Hotel, inn, refuge · Cave

Kultur
Malerisches Ortsbild · Ortshöhe — WIEN (171) — **Culture** Picturesque town · Elevation

Eine Reise wert — ★★ MILANO — Worth a journey

Lohnt einen Umweg — ★ TEMPLIN — Worth a detour

Sehenswert — Andermatt — Worth seeing

Landschaft
Eine Reise wert — ★★ Las Cañadas — **Landscape** Worth a journey

Lohnt einen Umweg — ★ Texel — Worth a detour

Sehenswert — Dikti — Worth seeing

Ausflüge & Touren — **Excursions & tours**

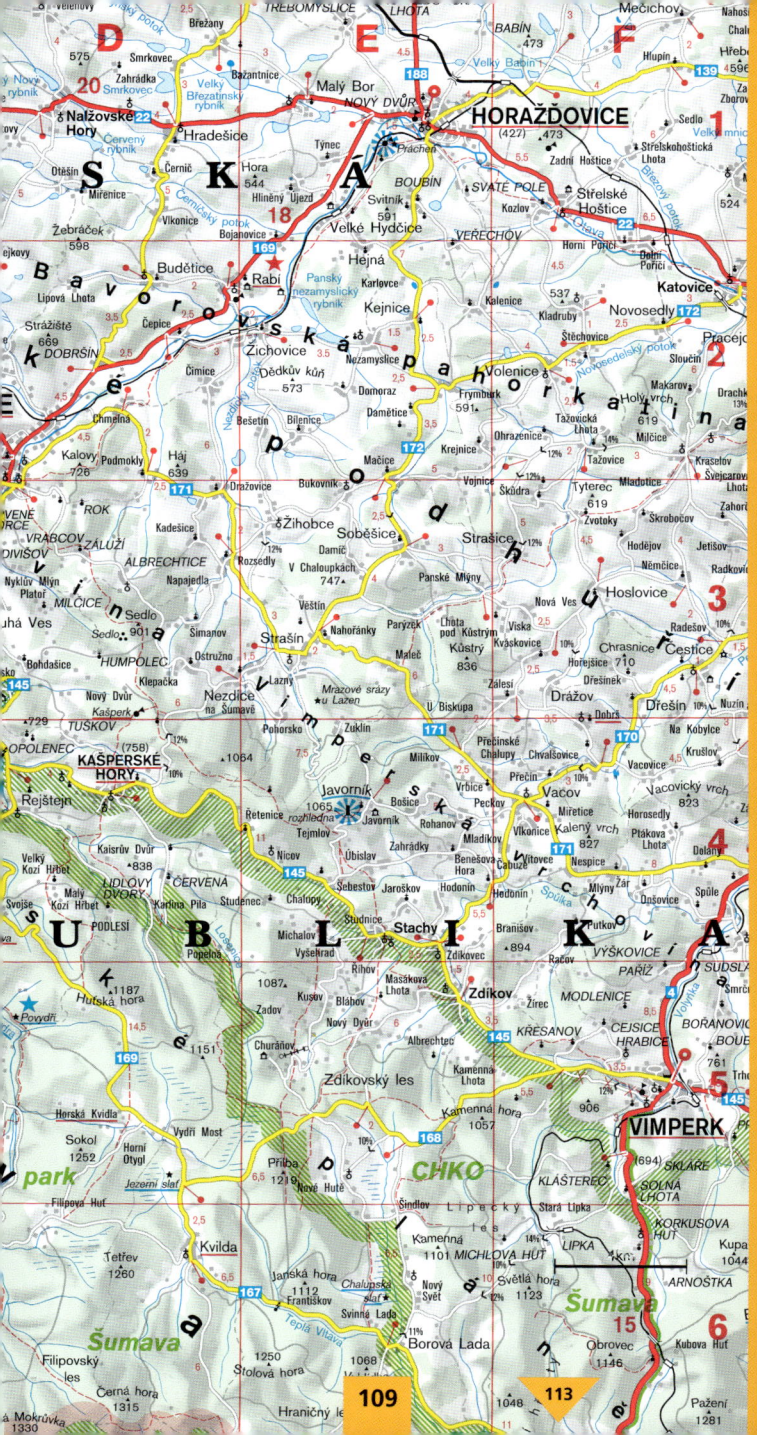

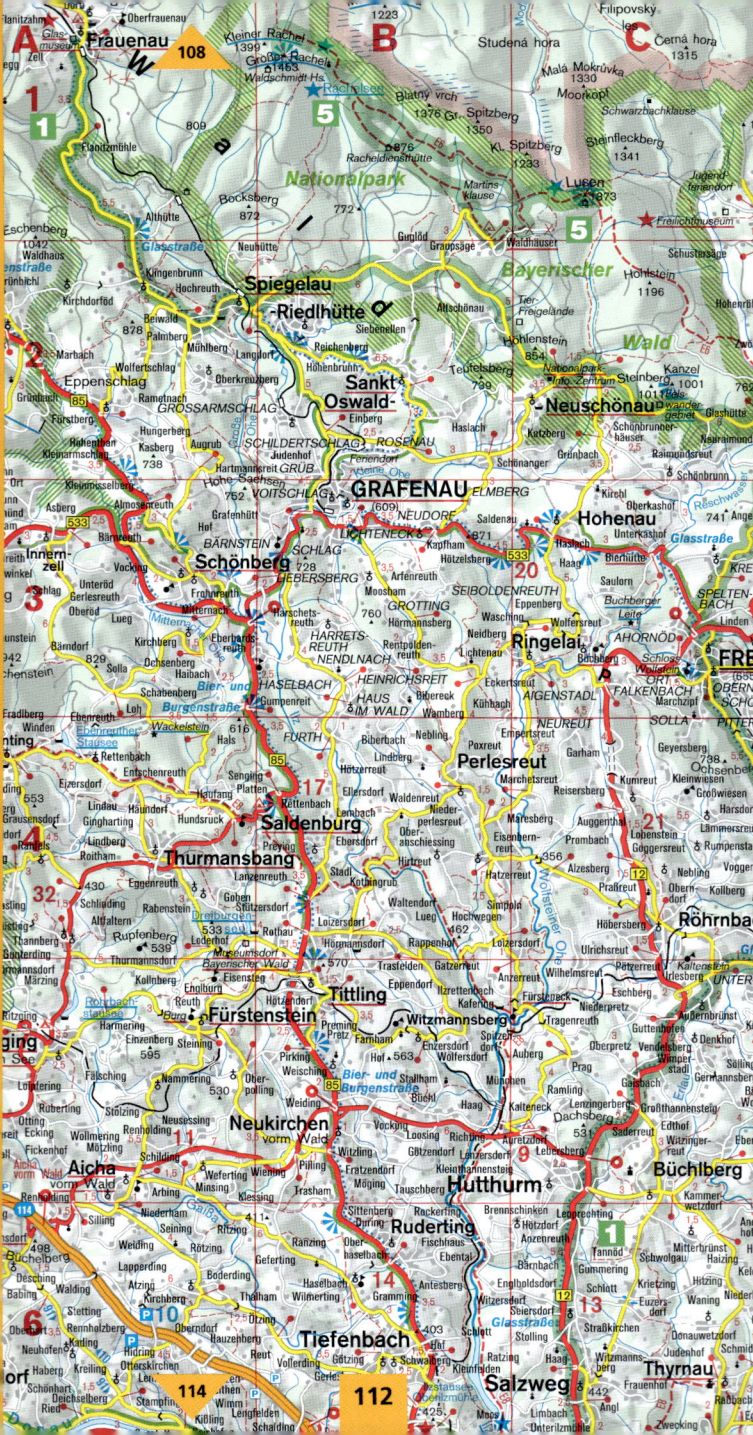

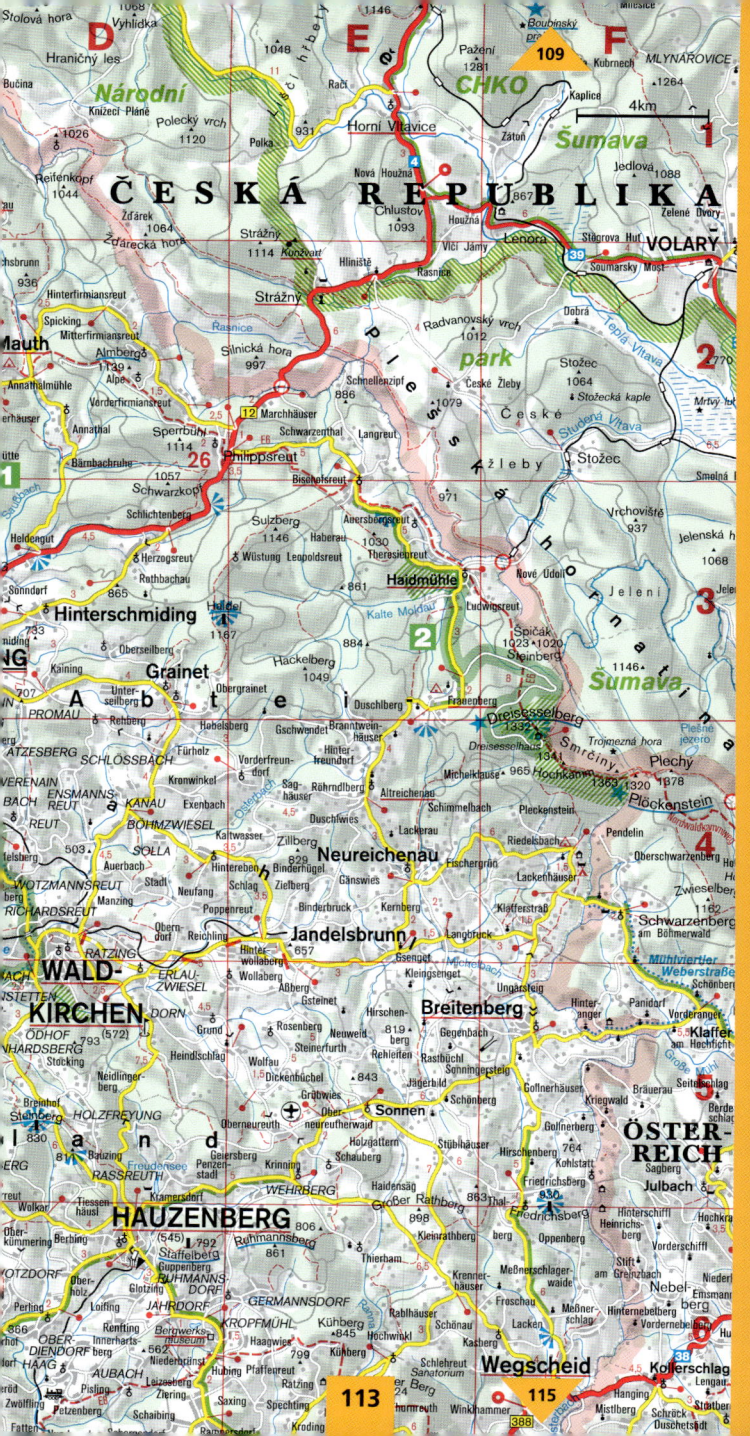

total relaxed in den urlaub: übung für fortgeschrittene

1. schliessen sie die augen und denken sie intensiv an das wunderbare wort „ferienmietwagen zum alles inklusive preise". stellen sie sich viele extras vor, die bei holiday autos alle im preis inbegriffen sind:

- unbegrenzte kilometer
- haftpflichtversicherung mit min. 1,5 mio €uro deckungssumme (usa: 1,1 mio €uro)
- vollkaskoversicherung ohne selbstbeteiligung
- kfz-diebstahlversicherung ohne selbstbeteiligung
- alle lokalen steuern
- flughafenbereitstellung
- flughafengebühren

2. atmen sie tief ein und lassen sie vor ihrem inneren auge die zahlreichen auszeichnungen vorbeiziehen, die holiday autos in den letzten jahren erhalten hat.

sie buchen ja nicht irgendwo.

3. nehmen sie ganz ruhig den hörer, wählen sie die telefonnummer **0180 5 17 91 91** (12cent/min), surfen sie zu **www.holidayautos.com** oder fragen sie in ihrem reisebüro nach den topangeboten von holiday autos!

kein urlaub ohne

holiday autos

MARCO 🌐 POLO

Für Ihre nächste Reise gibt es folgende Titel:

In diesem Register finden Sie alle erwähnten Orte und Ausflugsziele, wichtige Sachbegriffe und Personen. Halbfette Seitenzahlen verweisen auf den Haupteintrag, kursive auf ein Foto.

Schreiben Sie uns!

Liebe Leserin, lieber Leser,

wir setzen alles daran, Ihnen möglichst aktuelle Informationen mit auf die Reise zu geben. Dennoch schleichen sich manchmal Fehler ein – trotz gründlicher Recherche unserer Autoren/innen. Sie haben sicherlich Verständnis, dass der Verlag dafür keine Haftung übernehmen kann. Wir freuen uns aber, wenn Sie uns schreiben.

Senden Sie Ihre Post an die MARCO POLO Redaktion, Mairs Geographischer Verlag, Postfach 31 51, 73751 Ostfildern, marcopolo@mairs.de

Impressum

Titelbild: Blick vom Burgturm Falkenstein (Huber: Alfeld)
Fotos: HB Verlag: Spitta (70, 86); Huber: Alfeld (101), Schmid (20); Schapowalow (66);
W. Spitta (12, 22, 27, 59, 84); T. Stankiewicz (U M., 71, 72); K. Thiele (5 l., 15, 17, 36, 81, 82);
H. Wagner (57, 75); T. Widmann (U l., U r., 1, 2 o., 2 u., 4, 5 r., 6, 7, 9, 11, 14, 18, 26, 28, 29, 30, 33, 35,
38, 40, 44, 46, 47, 49, 52, 60, 63, 69, 74, 79, 85, 88, 91, 92, 95, 96)

7., aktualisierte Auflage 2004 © Mairs Geographischer Verlag, Ostfildern
Herausgeber: Ferdinand Ranft, Chefredakteurin: Marion Zorn
Lektor: Manfred Pötzscher, Bildredakteurin: Gabriele Forst
Kartografie Reiseatlas: © Mairs Geographischer Verlag/Falk Verlag, Ostfildern
Gestaltung: red.sign, Stuttgart

Bloß nicht!

Zu guter Letzt einige Tipps, wie Sie unangenehmen Erlebnissen aus dem Weg gehen können

Ohne Karten wandern

Die ausgedehnten Wälder bieten Ortsunkundigen selten markante Orientierungspunkte. Die Wanderwege sind zwar gut markiert, aber man kommt trotzdem leicht ab und kann sich dann so richtig verlaufen. Das passiert schon bei der Suche nach einem Fotomotiv. Deshalb: nie ohne gute Karte losziehen! Die nutzt freilich nur dem, der damit umgehen kann.

Fahrten zur Rushhour

Die Grenzübergänge nach Tschechien sind fast immer brummiverstopft. Daneben sind viele Arbeitnehmer im Bayerischen Wald Pendler. Wollen Sie nicht mit im Stau stehen, sollten Sie zur Rushhour morgens und nachmittags Hauptverkehrsadern und Innenstädte meiden.

Verkleiden

Wenn Sie auf »bayerisches Gewand« nicht verzichten mögen, sollten Sie sich trotzdem niemals verkleiden, sondern auf schlichte Landhausmode beschränken. Für die echten Trachten nämlich gibt es tradierte Regeln, wer was wann trägt. Schon deshalb ist die Gefahr groß, aufgeputzt in einer Fettbadewanne zu landen.

Zeckenbisse übersehen

Der Bayerische Wald zählt zu den Regionen Bayerns, in denen Zecken Borreliose und FSME übertragen können, Entzündungen von Gehirn oder Gehirnhaut. Erkrankungen beginnen häufig mit einem grippeartigen Infekt. Ratsam ist, abends den Körper auf Zecken hin zu untersuchen. Ärzte empfehlen, sich vorsorglich vier Wochen vor Urlaubsbeginn impfen zu lassen. Nach einem Biss unbedingt Arzt oder Krankenhaus aufsuchen!

Handys lärmen lassen

Auch im Bayerwald hat schon fast jedes Kind ein Mobiltelefon. Damit kann sich niemand mehr als Mr. Wichtig profilieren. Im Gegenteil: Im kleineren Kreis und in öffentlichen Gebäuden reagiert man intolerant auf Handylärm. Also im Zweifel aus- oder stumm schalten und Telefonate diskret führen.

Stammtisch belagern

Wenn Sie in einem Wirtshaus selbst im größten Gedränge einen leeren Tisch entdecken, obwohl Sie kein »Reserviert«-Schild sehen, stehen Sie vermutlich vor dem sakrosankten Stammtisch. An diesem sollten Sie sich niemals ohne ausdrückliche Aufforderung niederlassen. Andererseits gibt es kaum einen herzlicheren Beweis für Ihr Ansehen am Urlaubsort als die Einladung der Stammtisch-Gesellschaft: »Hock di zura!« (nehmen Sie doch bei uns Platz).